ANTISÈCHES
D'UNE PROF

Ophélie Roque

ANTISÈCHES D'UNE PROF

Pour survivre à l'Éducation nationale

Les Presses de la Cité

Les Presses de la Cité, un département Place des Éditeurs
92, avenue de France – 75013 Paris

ISBN 978-2-258-20906-0
Dépôt légal : mars 2025

À Mathieu, qui a eu l'idée initiale
À toutes celles qui ont rendu ce projet possible
(Sofia, Frédérique…)
Et bien sûr à ma mère,
toujours patiente et attentive !

Avant-propos

Rien ne me prédisposait à l'enseignement. Ni mes études, ni mon parcours de vie, ni… Rien ! Je ne gardais aucun souvenir particulièrement ému du collège et, petite, je n'ai jamais rêvé d'être maîtresse. La seule évocation de cette possibilité me serait alors apparue comme particulièrement déplacée et saugrenue… Enseigner à des gosses ? Et puis quoi encore ! Y prendre plaisir, peut-être ?

Et pourtant… Ce pari « perdu d'avance » d'une réorientation fondée sur le seul espoir d'échapper à l'ennui des métiers dits « de bureau » s'est transformé en véritable vocation. Me tourner vers l'enseignement – par dépit, hasard ou inconscience, voire un peu des trois – s'est avéré un choix non seulement judicieux, mais encore heureux !

D'ailleurs, je n'avais aucune idée préconçue en me lançant dans ce périple. C'est à force de raconter aux autres mon métier que le projet, progressivement, a germé.

Incapable de verser dans une analyse d'un seul tenant, mon unique originalité est de ne pas pencher trop lourdement d'un côté ou de l'autre. Je ne vois l'école ni en noir ni en rose, mais comme un bouquet de couleurs diffractées.

Et si je reste préservée (du moins j'aime à le croire) d'une vision dogmatique, c'est, j'en suis persuadée, parce que le professorat n'a jamais été un but ultime mais un heureux aléa. J'y suis venue l'esprit délesté aussi bien des attentes importunes que des rêves qui se fanent si vite dès lors qu'ils se frottent au réel.

Alors, que retenir de mes sept années d'enseignement ? Parmi les grands agacements et les modestes joies, que reste-t-il quand je sonde, à froid, ma mémoire ? Loin d'être un tout homogène, se dégage un récit de la fragmentation et du flottement. La mémoire se fait parcellaire, souvent injuste : elle ne conserve que les moments de relief, rarement le plat de la plaine. Paradoxalement, le métier de prof est celui de la constante répétition : remplacez les rouages graisseux de machines toujours en action par des équations mathématiques ou des règles de grammaire inlassablement rabâchées, et vous obtenez là un parallèle assez juste. *Bis repetita*, voilà la bonne formule, qui n'a rien de très magique !

Tel est mon parcours, soit… Mais pourquoi imprimer ma vision de l'école alors que tant d'autres ouvrages attendent d'être lus sur les rayonnages des librairies ? Comment légitimer l'existence de ce qui n'est ni un essai ni un réquisitoire, mais bien une simple promenade ? Peut-être, justement, en assumant son côté partial. Cette déambulation basée sur le seul vécu finit par ressembler de fort près au quotidien qu'expérimentent, chaque jour, des millions de professeurs et d'élèves.

Le projet n'est pas d'écrire un réquisitoire sur les nombreux changements qu'il faudrait apporter (ou pas !) au système ; pas plus que je ne souhaite fournir un cahier de doléances circonstanciées.

Ce livre est construit autour de neuf parties qui permettent de naviguer à son aise tout en offrant une vision kaléidoscopique de l'environnement scolaire. Bienvenue au vivant, dans toute sa complexité… et sa bizarrerie !

Sans compter qu'il ne peut être mauvais de remettre le ressenti au centre d'un système qui, lui, reste d'une rigidité à toute épreuve. À force de corsetage, le système craque. De partout !

Cet ouvrage s'inscrit sous le signe de l'ironie rabelaisienne : à quoi bon gloser autour de l'ennui, quand, à la place, l'on peut se gausser ? Les quelques relents d'amertume qui subsistent sont moins le fait d'individus que de l'Institution elle-même. La sclérose d'un ministère, surtout quand celui-ci doit traiter de l'humain, est toujours une mauvaise chose. Combien de situations absurdes n'ont lieu que par l'effarante maladresse de ce colosse endormi qui refuse qu'on le réveille (et encore plus qu'on le remanie !) ? La crispation paralyse et démobilise les troupes qui attendent, sur le côté, que le clairon sonne.

Il ne m'appartient pas d'apporter ici une leçon, quelle qu'elle soit ; ce n'est pas mon rôle et d'autres s'en chargeront très bien. Je souhaitais simplement livrer mon témoignage et faire acte de partage. Et sous le ton amusé de certaines entrées se dissimule parfois, ne nous y trompons pas, la grimace de ceux qui ne sont pas dupes.

I
Le professeur, précis anatomique d'une espèce menacée

L'école est, avec la famille, l'instance principale de socialisation. Soit. Mais comme dans toute famille qui se respecte, l'Institution a également ses branches « pourries » et ses cousins éloignés qu'on a honte de croiser lors des déjeuners. Alors, tous coupables ? Oui et non.

Aussi décevant qu'il puisse être, un professeur « n'en reste pas moins homme », comme dirait Molière, et si certains parviennent à transcender l'ennui et à tordre la triste banalité du ronron scolaire, d'autres ne savent offrir qu'une image avachie de l'adulte ennuyé d'être là.

Chacun a sa petite anecdote sur les profs géniaux, dérangés, habités, soporifiques, terrifiants, inexistants… qu'il a croisés. Mais qui en connaît vraiment la nature profonde ? Ô simple mortel, laisse là tout préjugé et laisse-toi inviter au sabbat des professeurs !

L'antre des merveilles

N'ayez crainte de pénétrer dans la **salle des professeurs**. C'est le lieu (s'il en est un) qui n'a de cesse de faire fantasmer les élèves : que peut-il bien se passer au sein de cet asile isolé du reste du monde par une porte immuablement close ? Au risque de me faire quelques inimitiés parmi mes collègues qui militent pour préserver le mystère, j'ose dévoiler que la salle des professeurs n'est, au fond, qu'une pièce d'une rare platitude.

Meubles torturés, peintures fanées, casiers disloqués : elle a été un jour rutilante, mais cela remonte au siècle dernier. Désormais, elle ressemble beaucoup à l'annexe fatiguée d'un bureau de poste. Les tasses oubliées dans l'évier finissent de se couvrir d'une patine marronnasse tandis qu'une colonie de fourmis est à l'affût du moindre paquet de biscuits abandonné. Comme seigneurie, on a déjà vu mieux.

En revanche, il y a une chose que les élèves sous-estiment toujours : notre propension à nous vautrer dans la raillerie et les ragots. S'ils parlent de nous dans la cour de récré, il est juste qu'ils sachent que nous faisons de même. Après tout, c'est de bonne guerre !

Mode d'emploi : la psychanalyse facile

Ouvre-moi la porte de ton **casier** et je te dirai qui tu es. Il existe autant de personnalités de professeurs qu'il y a de cases : les bordéliques, les cradingues, les ordonnés, les psychorigides, les sans-histoire et les effrayants. Ici, les casiers dont la nourriture avariée s'étale en larges plaques douteuses, ceux jamais vidés qui débordent de fiches de paie remontant à 1996 et de magnétoscopes VHS au cas où le règne de la télévision cathodique reviendrait, et là ceux qui regorgent de provisions (biscuits, compotes, café, miel, thé, bonbons… et paracétamol). Pour être parfaitement honnête, le mien ressemble à une annexe de salle de bains (maquillage, brosse à cheveux et kit pour les dents…). Il y a les cadenassés et ceux ouverts aux quatre vents, ceux qui sont recouverts de cartes postales, d'autocollants des dernières manifs, d'étranges dessins incompréhensibles aussi laids qu'ils se veulent émouvants, enfin ceux dont le vide intersidéral nous rappelle qu'ils ne sont plus utilisés tant les professeurs viennent à manquer !

Le deuxième critère qui permet de mieux comprendre la psychologie profonde d'un professeur est d'observer son comportement devant la **photocopieuse**. Bien souvent, c'est ici que vous apprendrez à départager le vindicatif du timoré, l'insolent du rancunier. Face à l'obtus entêtement des machines, la personnalité intrinsèque de chacun se révèle.

Il faudrait une vingtaine de photocopieuses pour satisfaire les besoins de toute la communauté éducative, mais les restrictions budgétaires font qu'il n'y en a que trois – alternativement en panne – pour une centaine de professeurs. Ce qui ne va pas sans causer quelques dommages. Afin de rendre la chose davantage compréhensible au profane, nous appellerons ces coquines du nom donné aux canons de la guerre 14-18 : la Grosse Bertha, la Grande Gilda et la Madelon, parce qu'elles aussi ont tendance à imploser quand on ne s'y attend guère ! Si la Grosse Bertha est relativement bonne pâte tant qu'on ne lui demande pas d'agrafer des feuilles ou d'imprimer en recto verso, les deux autres ne sont en rien fiables. Ce sont des perfides qui attendent à chaque fois le pire moment pour vous lâcher. L'une se perd dans la mélancolie de bourrages papier qui n'en finissent jamais, quand l'autre attend sournoisement que vous ouvriez son capot pour projeter de l'encre en direction de vos habits, alors qu'elle affiche être à court de toner ! C'est à ce moment-là que certains dons se révèlent. Le bricoleur amateur s'engouffre dans les mécanismes internes, à la recherche des confettis qui détraquent tout le système. Le lettré à sang froid fait mine de n'être en rien affecté et sort la tête haute – il doit avoir ses entrées auprès de la secrétaire pour emprunter la photocopieuse de l'administration (qui elle, étrangement, fonctionne toujours !). Le sanguin, quant à lui, laisse la transe l'envahir et improvise une chorégraphie assez impressionnante, entre coups de pied et jeux de bras dignes de la capoeira.

Enfin, dernier indice – et non le moindre – qui permet de se faire une petite idée du professeur : la manière dont il se sort de l'épreuve maîtresse, à savoir se garer dans le **parking**.

Cet exploit permet de jauger la pugnacité d'un collègue. Souvent doté de places insuffisantes, le parking devient très rapidement lieu de crispation. Des offenses impardonnables y ont lieu et de molles rancœurs y éclosent. Peu nombreux sont les élus qui parviennent à mettre leur précieuse carriole à l'abri des misères de la rue. Chaque matin, la même sempiternelle lutte recommence. Comme lors d'une course des *Fous du volant*, tous les coups sont permis : vol de bip, queue-de-poisson, voiture empiétant sur la pelouse ou dans l'allée, double (voire triple) file... quand ce n'est pas le véhicule qui est carrément laissé au beau milieu de la cour ! Au déjeuner, des négociations s'effectuent et des rotations s'envisagent. Tel collègue qui arrive à 8 heures et repart à 14 heures conserve sa place pour tel autre. En échange, celui-ci lui réserve une place le jeudi. Il n'y a pas de petits profits. Cela peut aussi se monnayer en consommables...

Bibine et compagnie

Comme chacun sait, les enseignants ne roulent pas sur l'or. Pour la plupart, la

machine à café devient donc rapidement un gouffre financier : 50 centimes par-ci, 50 centimes par-là... Des ruisseaux de macchiato se déversent dans de fragiles et peu écologiques gobelets. Le pactole n'est pas bien loin : il est là, sous votre nez, à portée de main ! Chaque piécette insérée se mue en flot noirâtre qui, à l'instar du pétrole, jaillit et abreuve le monde de sa visqueuse mélasse.

Enfin, cela quand la machine fonctionne puisque, bien souvent, elle ne vous crachera qu'un mesquin filet d'eau brune ! La nôtre est notamment fâchée avec la distribution du lait en poudre, vous sentez son jugement réprobateur quand elle vous tend un chocolat chaud sans lait reconstitué, simplement un soupçon d'eau chaude sur un cacao bas de gamme. Vous en êtes alors quitte pour la perte de votre monnaie et vous finissez par étancher votre soif directement au robinet des toilettes. Cela incite à rester humble.

Quant aux **buveurs de thé,** ils sont les aristocrates de la salle des professeurs. Ils possèdent leur propre bouilloire – entartrée, certes ! – et ne dépendent donc pas des caprices de la susdite machine. Les « théophiles » se reconnaissent immédiatement à leur préciosité intrinsèque, bien que d'infinies variations puissent exister entre eux. L'amateur du thé en sachet à la pêche n'est évidemment pas le même que celui qui ne jure que par les derniers arrivages en vrac, directement importés de Kyushu. Mais les deux se retrouvent dans le mépris commun qu'ils vouent au buveur de café, ce prolétaire qui avale, sans frémir, des litres d'une boisson noire et âcre.

Hiérarchie formelle, hiérarchie informelle…

Le statut du professeur, comme la petite robe d'été, se décline en trois modèles : le contractuel, le capétien et l'agrégé. Derrière l'apparente uniformité, les disparités sont pourtant bien réelles.

En seulement dix ans, comme dans le reste de la fonction publique[1], le nombre de **contractuels** a considérablement augmenté au sein de la maison Éducation nationale. Les chiffres ont bondi de 47 % pour les enseignants et de presque 90 % pour les autres personnels[2] ! La contractualisation à marche forcée n'est pas qu'un mythe, c'est un fait bien tangible.

Le recours aux personnels non titulaires est d'ailleurs une volonté clairement revendiquée du gouvernement. La loi du 6 août 2019 sur la transformation de la fonction publique ne laisse aucun doute, l'article 15 prévoyant « le recrutement d'agents contractuels pour pourvoir les emplois permanents ». Cela, tout en précisant que « l'accès des agents contractuels à ces emplois n'entraîne pas leur titularisation dans un corps de l'administration ou du service ni, au terme du contrat, qui doit être conclu pour une durée déterminée, la reconduction de ce dernier en contrat à durée indéterminée[3] ». Vous peinez à déchiffrer le jargon administratif ? Pour résumer, on précarise à tour de bras, au vu et au su de tous. L'État ne s'en cache même pas, c'est écrit noir sur blanc. Tous les quatre à cinq ans, les mêmes vieux serments éculés de titularisation systématique des contractuels ressortent dans l'hypocrisie générale. Après tout, les promesses n'engagent que ceux qui y croient !

Certes, il existe officiellement une possibilité pour un professeur d'être « CDIsé » après six années pleines et consécutives passées à enseigner. Mais la chose n'est pas si simple puisque, si votre CV possède une interruption d'au moins quatre mois consécutifs, tout est fichu ! Telle Pénélope tissant sa toile, c'est reparti pour un tour. D'ailleurs, l'État sait pertinemment jongler avec cette donnée. Nombreux sont les collègues à voir leur contrat mystérieusement non renouvelé après quatre ou cinq années de bons et loyaux services. Mais ce n'est que partie remise : ils seront chaleureusement rappelés après le mois de janvier. Entre-temps la roue aura tourné et les quatre mois se seront écoulés. Sisyphe administratif, reprenez vos annuités à zéro !

Pour avoir fait partie de la cohorte de ces si commodes contractuels, j'ai moi aussi eu la surprise de recevoir un jour dans ma boîte mail un message commun qui nous remerciait doublement : pour avoir porté l'école à bout de bras lors de la crise du Covid, et pour nous indiquer le chemin de la sortie. Au même moment étaient lancés les recrutements de jeunes néocontractuels. Les années avaient passé et les plus vieux d'entre nous s'approchaient dangereusement de la « quille ». Passons, et revenons à nos moutons.

Les contractuels, c'est comme le sel, point trop n'en faut ! Je le dis avec une réelle bienveillance envers les collègues qui, comme moi, entrent dans le métier par cette porte. Parce que, si l'envie de bien faire est souvent réelle, avouons que les premiers mois ressemblent beaucoup à une boucherie plus ou moins convaincante. À qui la faute, si ce n'est à l'État qui tolère et encourage ces approximations parfois dangereuses ? Du jour au lendemain, vous êtes lâché dans la fosse. Sans formation aucune, vous vous retrouvez à enseigner sitôt votre contrat signé. Peu importe le profil des élèves qui seront devant vous, peu importent les spécificités propres aux établissements. Vous devez vous y rendre ! C'est comme aller au bain ou au front : il est moins dur d'y plonger tête la première ! Et si certains se noient ou se fracassent le crâne, que voulez-vous ? Les pertes existent partout…

Pour celles et ceux qui préfèrent les voies plus conventionnelles, le **CAPES** (certificat d'aptitude au professorat de l'enseignement du second degré) sent bon l'ancien certif[4] et s'adresse aux aspirants professeurs qui souhaitent s'engager dans l'éducation heureuse et épanouie. Attention tout de même à ne pas se tromper de porte, maintenant qu'il y en a trois pour décrocher le fameux diplôme : le concours externe, le concours interne et le master MEEF. Pour le profane, ce triple dispositif ne peut qu'intriguer mais l'explication est, comme souvent, des plus simples : il faut faire feu de tout bois pour pallier la crise du recrutement du corps professoral[5] !

Commençons par le CAPES interne, alternative proposée aux enseignants contractuels pour éviter le blacklistage évoqué ci-avant. Au bout de trois ans d'ancienneté, notre fonctionnaire précaire peut tenter sa chance en interne, avec la version du CAPES censée être plus « pratique » que théorique : il faut faire montre de ses compétences pédagogiques en présentant une séquence de cours réalisable en classe. Cela dit, je me demande bien si un collègue a déjà réussi à tester sur le terrain cette séquence parfaite pour élèves modèles ! Mais chut… Entretenons le rêve de l'école des Bisounours.

Si notre aspirant professeur préfère un semblant d'accompagnement, il peut aussi s'inscrire en master MEEF (métiers de l'enseignement, de l'éducation et de la formation), dernière trouvaille pour exploiter les vocations. Pendant deux ans, notre graine d'enseignant se partage entre cours théoriques, préparation du concours et mises en situation au sein de classes. Il se voit ainsi proposer un contrat lui permettant d'effectuer des stages (mal) rémunérés avant de passer les épreuves du CAPES l'année suivante ! Dans ces conditions, décrocher le convoité concours externe, censé attester les connaissances du postulant et sa capacité à les rendre concrètes pour le cerveau pas toujours éveillé des élèves, devient un sacré parcours du combattant ! Et s'il abandonne, la formule est tout de même plutôt maligne pour trouver de la main-d'œuvre à bas prix…

Maintenant que nous nous sommes légèrement attardés sur les moyens de devenir « capétiens », penchons-nous sur les résultats. Alors dur ou pas dur, le CAPES ? Le ressenti varie considérablement selon les années et les disciplines. En général, pour un poste, il faut compter environ quatre candidats inscrits. Un ne vient pas aux épreuves, deux sont recalés, un est admissible à l'oral. Finalement, un peu plus d'un sur deux des admissibles seront admis, ce qui représente un taux de réussite avoisinant les 20 %[6]. Notons au passage que ces dernières années, environ 15 % des postes n'ont pas été pourvus, le niveau des candidats n'étant pas à la hauteur[7]. Je vous laisse méditer sur ces chiffres et je préfère me perdre dans l'énumération d'une liste à la Prévert des différentes matières dans lesquelles vous pouvez passer le CAPES : arts plastiques, documentation, éducation musicale, histoire et géographie, langue corse, langues dites régionales (basque, breton, catalan, créole, occitan-langue d'oc), langues vivantes étrangères (allemand, anglais, arabe, chinois, espagnol, hébreu, italien, japonais, néerlandais, portugais, russe), langue des signes française, langues kanak (ajië, drehu, nengone, paicî), tahitien, lettres (classiques, modernes), mathématiques, sciences de la vie et de la Terre, éducation physique et sportive, numérique et sciences informatiques, philosophie, physique-chimie, sciences économiques et sociales… J'en oublie sûrement !

Penchons-nous maintenant sur les superprofs, à savoir ceux qui sont parvenus à décrocher le sésame de l'agrégation – les taux de réussite y sont d'ailleurs moindres qu'au concours de Normale sup ! Ils sont environ 50 000 **agrégés** sur 500 000 professeurs[8]. S'il est vrai que leur service hebdomadaire est de « seulement » 15 heures et que leur rémunération est légèrement plus élevée que celle de leurs collègues capétiens – ils peuvent prétendre en fin de carrière à 4 012 € brut[9] mensuels –, il n'y a pas de quoi fouetter un chat. Surtout quand on sait que le taux d'échec global à l'agrégation externe est de 90 % environ[10] !

Quels que soient le concours passé et le montant indiqué à la fin du mois sur la fiche de paie, le fossé entre l'image que l'on se fait du métier et la réalité est souvent bien plus béant que l'on se l'imagine. Et, non, une tête bien faite ne suffit pas à faire de vous un bon prof ! Tous les collègues vous le diront : c'est bien beau de maîtriser l'ambiguïté politique du Sénat romain sous l'époque d'Auguste, mais d'une utilité toute relative si vous êtes incapable d'adapter votre niveau à celui des élèves qui, eux, n'en demandent pas tant ! Distinguer Rome d'Athènes sur une carte relève déjà de la gageure ! Chaque année des milliers de professeurs d'histoire de seconde s'entendent poser cette question : « Pourquoi les Grecs s'habillaient avec des robes ? » Priez pour eux.

L'épineuse question de la fiche de paie

Le salaire… Délicate question s'il en est ! Trop payés selon les uns, pas assez selon les autres, comment envisager avec un minimum d'impartialité l'épineuse question de la **fiche de paie** ?

Commençons par énoncer un fait : en 2020, un enseignant percevait en moyenne 2 490 euros mensuels net[11]. Voilà, le chiffre est lancé. À chacun de s'en faire sa propre opinion. Précisons tout de même que cette somme passe sous silence de considérables écarts de rémunération. Les « vieux » professeurs et les agrégés pèsent en effet dans la constitution de cette moyenne puisque leurs jeunes collègues, qui plus est capétiens, débutent quant à eux avec une fiche de paie en berne. Nous n'évoquerons même pas le sort des contractuels qui peinent à atteindre les 1 600 euros net.

Les plus espiègles diront que le salaire mensuel moyen d'un salarié en France est de 2 735 euros, mais précisons tout de même que le salaire médian est de 2 183 euros[12]. Alors comment expliquer une telle grogne et un tel sentiment de déclassement dans le corps professoral ?

Trois facteurs expliquent aisément cette frustration : l'amère comparaison avec nos voisins européens, le souvenir d'un passé pas si lointain où l'enseignant faisait (presque) partie de l'élite, et la prise en compte du fossé existant entre rémunération et niveau d'études demandé (bac + 5)[13].

En effet, c'est prouvé : par rapport à leurs voisins européens, les enseignants français ont plus d'élèves et plus de temps d'enseignement, alors qu'ils gagnent moins que la plupart de leurs homologues outre-frontières[14] ! Alors, oui, le prof est un râleur. Mais qui n'envie pas l'herbe bien verte de son voisin quand la sienne ressemble à de la paille ?

Quant au passé, autant dire qu'il incite à la nostalgie. Depuis les années 1960, le pouvoir d'achat des professeurs n'a cessé de connaître une baisse significative, résultat d'un sous-investissement chronique dans la fonction publique. Mais ce n'est véritablement qu'au début des années 1980 que la diminution du pouvoir d'achat commence à se faire sentir. Entre 1981 (coucou Mitterrand !) et nos jours, il a baissé de 40 %, alors même que le salaire de nos voisins européens, lui, continuait de croître. Les courbes se sont croisées et désormais le salaire d'un professeur français est inférieur à la moyenne des pays de l'OCDE. Pour qu'un professeur certifié au 11e échelon ait le même pouvoir d'achat que son homologue de 1996, il lui faudrait gagner 6 000 euros de plus par an[15]. En fin de carrière, ça représente tout de même l'équivalent d'une maison de différence !

Oubliés depuis presque trente ans, les professeurs ne se sont vu proposer que de maigres saupoudrages financiers en guise de revalorisation. Auparavant assimilé à un cadre (ce qu'il est encore sur le papier !), voire à un notable au sein des petites villes, l'enseignant n'est désormais perçu que comme le candide dindon de la farce. Surtout qu'une fois l'évolution financière rapide des trois premières années passée, la rémunération entre dans une phase d'hibernation profonde, pour ne plus jamais véritablement en ressortir.

Si l'école républicaine souhaite stopper son hémorragie, elle doit repenser son système de rémunération. Parce que des professeurs moins bien payés seront aussi des professeurs moins qualifiés. À diplôme égal, qui souhaite gagner drastiquement moins ? Et même les vocations les plus affirmées s'éclipsent devant la nécessité de se nourrir, de se loger... et de se soigner !

Pressions et dépressions

Un enseignant est, en moyenne, absent onze jours par an[16]. Le chiffre est sensiblement le même que celui du secteur privé, et même bien moins élevé en ce qui concerne les **arrêts maladie** que dans les autres professions[17]. Alors d'où vient ce mythe du professeur toujours souffrant ?

En très grande partie, d'une forte mécompréhension concernant la nature des absences. Certes, nous sommes parfois absents, mais pas forcément pour les raisons que l'on pourrait croire (ou que l'on aurait envie de croire). En effet, l'emploi du temps se fragmente et s'émiette tel un biscuit sec selon les périodes : cours annulés pour la tenue des conseils de classe, absences provoquées par le calendrier des formations, séances déplacées par la vie scolaire... Si le professeur manque quelques cours, c'est souvent moins sa faute qu'en raison des impératifs et contraintes du métier. Vous me direz que cela ne change rien pour les élèves. Soit ! Mais du moins voici rétablie la délicate balance de la vérité.

Maintenant, ne nous voilons pas la face : le mal-être de l'enseignant n'est pas qu'un mythe ! Selon une étude menée en 2016 par la MGEN[18], 12 % des enseignants seraient porteurs d'une forme, plus ou moins avancée, de détresse psychologique et/ou de **dépression**. Les tenants du verre à moitié plein diront que 88 % des professeurs ne sont donc porteurs d'aucun trouble psychique, ce qui n'est déjà pas si mal. Anxiolytiques et champagne ! Puis, pour les plus fatigués d'entre nous, direction la clinique des Verrières[19]… Avant de claquer définitivement la porte.

Phénomène encore marginal, la **démission** ne cesse pourtant de croître et d'étendre son influence, notamment chez les jeunes professeurs. Même le Sénat s'en inquiète : environ 3 000 démissions sont enregistrées chaque année, ce qui peut sembler peu rapporté au 1,2 million d'enseignants, mais c'est sept fois plus qu'il y a quinze ans[20] ! L'année de titularisation fait souvent office de « crash-test » : près de 4 % des professeurs stagiaires désertent le navire. Et si on s'intéresse aux étudiants de seconde année de master MEEF, le « taux de fuite » est encore plus important[21]. Nous n'abordons là que la sphère « légitime », les chiffres devenant subitement muets en ce qui concerne les contractuels qui sont, pourtant, bien plus nombreux à partir. Mais, au fond, pourquoi prendre la peine de jeter les bases d'une étude ou d'un recensement puisque cette main-d'œuvre servile coûte assez peu et se remplace vite ?

Les indécents privilèges des professeurs de France et de Navarre

Ces privilèges sont au nombre faramineux… de deux ! Et encore, même plus vraiment, car l'un des deux a disparu.

J'ignore pourquoi mais, plus jeune, le métier de professeur se résumait pour moi à cette seule chose : le **catalogue de la Camif** ! J'imaginais une sorte de nomenclature poétique, regorgeant de meubles et accessoires à des prix ridiculement bas. Une table en

Formica rose pâle ou un bureau en contreplaqué (le tout pour moins d'une centaine de francs !) m'apparaissaient comme les indus privilèges d'une corporation quasi communiste. Les professeurs n'étaient rien de moins que les nouveaux apparatchiks de la société.

Avec désormais près de sept années au compteur, je dois avouer n'avoir jamais vu aucun exemplaire du catalogue de la Camif en salle des professeurs (même dans les rebuts des ouvrages centenaires qui encombrent les réserves du CDI). Rien. Nada. Il faut croire que certains clichés tombent parfois bien loin de l'arbre.

Néanmoins, puisque le catalogue de la Camif n'est plus et que je vous sens trépigner : oui, en effet, nous bénéficions de seize semaines de **vacances**[22]. Pas quinze, pas quatorze, pas treize, seize ! En revanche nous n'avons ni treizième, ni quatorzième, ni quinzième mois. Les vacances, mais sans les sous qui vont avec et qui permettraient d'en profiter. Et ne gonflons pas non plus notre privilège : sur ces seize semaines, toutes ne sont pas dédiées au farniente. Tant s'en faut ! Ce sont comme nos 20 heures de cours hebdomadaires qui avoisinent en réalité les 43 heures de travail effectif[23]. Malgré les progrès considérables de l'intelligence artificielle, celle-ci n'est pas encore en mesure de concevoir nos cours à notre place, ni de corriger nos copies. Les évaluations à noter et annoter s'entassent d'ailleurs souvent si haut qu'elles restreignent la perspective de la chaise longue à pas plus de la moitié des jours de congé inscrits au calendrier.

Je vous vois venir. Vous concédez que les huit semaines de petites vacances qui parsèment l'année scolaire se résument souvent à quatre. Mais les huit semaines d'été ? Nous la connaissons, la petite rengaine qui nous murmure que nous profitons indûment d'un dispositif obsolète, initialement conçu pour que les enfants puissent participer aux moissons ! On ne peut que constater qu'il y a eu mécanisation puis recul du monde paysan… pourtant, l'excuse des moissons perdure à travers les siècles. Si ça, ce n'est pas de la mauvaise foi de prof ! Désolée de vous apprendre que ce ne sont plus les agriculteurs, mais les représentants du tourisme qui font des pieds et des mains pour qu'on ne touche en rien au Saint Graal. Eux aussi comptent bien se faire du blé pendant les moissons[24] ! Pour enfoncer le clou du privilège à relativiser, sachez que le Conseil d'État considère que la durée légale des congés annuels des professeurs ne dépasse pas… cinq semaines[25]. Et pan !

Sans compter que la France, en matière de congé estival, se positionne en bas du classement : nombreux sont les pays à bénéficier d'un repos bien plus « musclé ». Que sont nos 52 jours face aux 95 jours des Italiens ou aux 91 jours des Maltais ? Quels sont les médias qui en parlent ? Je pose la question en toute bonne foi !

II
Chausse-trapes, couloirs hantés et salles vétustes : un lieu où il fait bon vivre !

Il n'y a pas que le professeur qu'il faut considérer comme une espèce menacée. L'école elle-même, dans ses locaux, souffre des restrictions budgétaires. Si nous ne voulons pas en sonner le glas, il est urgent d'inverser la tendance. C'est ce que nous hurlent les plafonds défoncés, la peinture qui s'écaille, les planchers qui menacent ruine. Si la beauté du lieu influe sur la noblesse de l'âme, il est urgent que l'école se reprenne, et vite ! Avant que des monceaux de plâtre ne nous enfouissent et que nos cadavres ne soient retrouvés parmi les décombres. L'école est un Pompéi sans volcan.

Paranormal collectivity

Certains lieux possèdent une atmosphère si poisseuse qu'on éprouve, plus ou moins distinctement, l'impression qu'une cohorte de spectres y rôde. Et bien démantibulés et déglingués, les revenants, de véritables macchabées de foire ! Bref, certains **établissements** semblent **hantés**.

Je pense en particulier à un collège qui charrie avec lui son petit relent d'atmosphère visqueuse. Tout y est triste jusqu'au chemin menant à ses abords, interminable dans sa consternante laideur. On y longe des fourrés et des ruelles encrassées qui s'allument dans le bleu délavé des jeunes matins. On tourne en direction du terrain de sport déserté, là où les filets de buts s'entrouvrent sur le néant, et on passe devant un alignement de maisons, à peine des bicoques, qui offrent leur profil penché et sortent, comme à regret, de la nuit. À mesure que vous avancez, l'aspect de campagne mal digérée s'estompe pour faire place à des blocs d'immeubles grisâtres. Ni trop hauts ni trop imposants, simplement une rangée en quinconce qu'on dirait héritée des

Soviets. Devant les grilles de la bâtisse spectrale, plusieurs groupes d'élèves patientent, agités, sans candeur ni chaleur. L'architecture est d'une abjection fonctionnaliste : de hauts murs peints d'un brun pâle, des rambardes vertes, des affiches passées collées sur les murs. Et une ambiance indéfinissable, comme si la joie de vivre n'avait plus droit de cité.

J'y suis restée deux mois avant de forcer la main au rectorat afin qu'il ne renouvelle pas mon contrat de remplacement.

Longtemps j'ai cru que mon ressenti n'était qu'une expérience isolée, une anomalie, jusqu'au jour où l'une de mes amies y a été nommée CPE. Soucieuse de ne pas l'inquiéter inutilement, j'ai bafouillé une réponse polie quand elle m'a demandé ce que j'en avais pensé. Quelques semaines passent…

— Tu vas dire que je débloque, me dit-elle, mais rien ne va dans ce collège. J'ai parfois l'impression que le bâtiment est hanté. C'est comme s'il y avait un drôle de phénomène qui fait que rien ne va jamais. Les gamins sont tristes, les murs sont tristes, même les plantes y crèvent.

Deux mois plus tard, elle démissionnait.

La longue agonie du bâti scolaire

Un rapport de la Cour des comptes[1] indique qu'un tiers des bâtiments universitaires sont dans un état pitoyable ; à cela il faut ajouter une myriade d'écoles, de collèges et de lycées qui sont, eux aussi, à la frontière de l'indicible. Près de 70 % des établissements scolaires présenteraient des signes de mauvais état, entre moisissures, défaut d'aération, amiante, passoire thermique et sous-équipements[2]. La **décrépitude** est généralisée. Le ministère de l'Éducation nationale admet que 10 % des établissements montrent une « vétusté importante[3] ». En Île-de-France, ce sont 30 % des lycées[4] ! Parfois, la sécurité des élèves scolarisés et des personnels y est même remise en question. Et ce n'est pas près de s'arranger si on ne fait rien ! Une proportion importante des 50 000 établissements français a été construite dans les années 1960 pour répondre à la croissance démographique. Peu d'entre eux ont été rénovés au fur et à mesure[5]. Tous ces préfabriqués, à peine plus solides qu'un château de cartes, accumulent les problèmes : murs écaillés, tuiles envolées, papiers décollés, marches branlantes, parquets défoncés, plomberie et électricité douteuses… Bienvenue en pays de cocagne !

Selon un rapport du Sénat, il faudrait une enveloppe de 40 milliards d'euros pour rénover l'ensemble des bâtiments[6] ! La somme, colossale, a de quoi effrayer chaque gestionnaire en finances publiques.

Alors, tel le professeur qui constate, ahuri, ses conditions de travail délabrées, il est probable que votre enfant ressente un petit coup au cœur en découvrant son nouvel environnement. Mais la jeunesse oublie bien vite et ne devrait pas être trop incommodée par cet état de fait. Sauf l'été, quand la moiteur transforme les salles surchauffées en jungle tropicale, et l'hiver, lorsque le froid se glisse entre les bancs et pousse les enfants à s'emmitoufler sous les plaids. Encore est-il bon de leur répéter, de temps à autre, qu'il est judicieux de ne pas gratter les peintures (il est probable que de l'amiante s'y cache) et d'avoir la présence d'esprit de se tenir hors de portée des fils électriques – ce serait, ma foi, une précaution supplémentaire. Quant à directement boire l'eau du robinet, mieux vaut préalablement se servir d'une bandelette PH volée, non, que dis-je ! « empruntée », dans les stocks du professeur de physique-chimie, afin de s'exercer à l'analyse de l'eau potable et découvrir si, oui ou non, celle de son établissement est contaminée.

Pendant qu'on est dans les canalisations, embrayons sur les **toilettes** ! Leur insalubrité devrait davantage inquiéter les parents et l'Institution, parce qu'elle est loin d'être sans conséquence ! Près de 40 % des établissements ne disposent pas du nombre nécessaire de sanitaires et quand ceux-ci existent (et fonctionnent !), ils sont rarement nettoyés en journée, se contentant d'être hâtivement baptisés à la Javel une fois le soir venu[7].

Outre l'hygiène défaillante, l'absence chronique de papier interpelle, la récurrence du nombre de toilettes bouchées questionne (probablement avec le papier manquant) et, *last but not least*, les enfants doivent souvent s'essuyer les mains sur leur jean, les lavabos ne disposant pas d'essuie-mains ni de souffleur[8]. Par ailleurs, les « lieux d'aisances » étant aussi accueillants qu'un coupe-gorge de Whitechapel, des élèves profitent de l'absence des adultes pour imposer leur loi. Quoi de plus plaisant que d'être racketté après s'être offert l'expérience de patauger dans des flaques éminemment suspectes (urine, eau, mélange des deux) ?

C'est pourquoi 80 % des élèves préfèrent se retenir. L'épreuve – à peu près tolérable pour les externes, quoique ! – tourne rapidement au supplice pour les demi-pensionnaires[9].

Il n'y a pas que les toilettes qui constituent un terrain hostile. La non-conformité de certains établissements s'exhibe sans aucune impudeur dans la provocante et problématique nudité des **fils électriques**. Un jour que je souhaitais recharger ma tablette en plein cours, ma main a effleuré par mégarde plusieurs fils ballants et un inquiétant bouquet d'étincelles en est sorti.

Cette tentative avortée d'un spectacle « son et lumière » a visiblement donné des idées à quelques élèves que j'ai sentis, tout à coup, très inspirés à la perspective d'empoigner à pleines mains ces cordeaux chargés des foudres de Zeus. Il a donc fallu appeler en urgence la maintenance, qui n'a certes pas réparé les câbles mais les a, du moins, enroulés et scotchés à une telle hauteur qu'aucun élève ne puisse aisément s'en approcher.

Afin de mieux s'approprier l'archaïsme des lieux et lutter contre le délabrement ambiant, les élèves trouvent de bon ton d'apposer leur propre patte sur les tables, les murs, l'arrière des portes, le haut des fenêtres… même les sacs et les cahiers y passent ! Le **graffiti** est partout. Souvent limité à sa plus simple expression (un pénis), il devient parfois lyrique et tente de croquer les infinies nuances de la vie. De temps à autre, il délaisse le dessin pour se faire verbe. Les trois quarts des sentences, d'une écriture rageuse et heurtée, insultent alors l'ennemi, quand le reste n'est que message d'amour confit (petit cœur à l'appui). Mais il serait insultant de croire que seuls les stylos sont utilisés pour ainsi marquer un mobilier qui ne vous appartient guère. La pointe d'un compas permet de subtiles gravures, parfois rehaussées par une encre nonchalamment versée ; nous ne sommes alors plus loin des émaux et camées.

Dans le cratère du volcan

Dans certains établissements, on constate avec un peu d'effroi que bon nombre de **fenêtres** ne peuvent s'ouvrir. Jamais. *Never more.* Merci bien, par temps de canicule !

Alors on me dira que c'est une mesure anti-suicide. Il est vrai qu'hôtels et hôpitaux ont les mêmes. Cependant, je n'avais jamais bien saisi l'intérêt de barrer des fenêtres situées au rez-de-chaussée. C'est que j'étais encore bien fraîche et naïve dans ma pratique.

Un jour que j'enseignais dans un établissement qui (ô joie !) possédait jusqu'alors des fenêtres sans entraves, j'ai eu le malheur de retenir deux petites minutes les élèves après la sonnerie, afin qu'ils finissent de recopier les derniers mots de la leçon. Qu'à cela ne tienne, s'ils ne peuvent passer par la porte, ils passeront par la fenêtre !

C'est donc avec une surprise réelle que j'ai vu plusieurs élèves ouvrir le battant et passer par-dessus la rambarde puis gentiment s'égailler dans la cour.

Deux semaines plus tard, la direction avait enlevé les poignées. Comme le dirait si bien Ferdinand, on était faits comme des rats !

— Oups !

— Oui, oups, ça tu peux le dire ! Parce que, à cause de vos fantaisies carcérales, on est bons pour cuire à l'étouffée cet été.

Après un court moment de réflexion, l'élève me regarde.

— C'est pas grave, on dézinguera la porte !

Par temps de canicule, les salles de classe deviennent le théâtre d'une lutte silencieuse mais cruciale pour des milliers d'élèves et leurs professeurs : comment survivre à l'indicible souffrance causée par un air qui s'échauffe ? Dès le printemps (dérèglement climatique oblige), les salles de classe connaissent des **températures** chtoniennes, devenant rapidement des pièces surchauffées, rendant difficile, voire impossible, un apprentissage serein. Selon une étude du ministère de l'Éducation nationale, 70 % des écoles ne disposeraient d'aucune climatisation ou de systèmes de ventilation adéquats[10]. La température y atteint et dépasse alors allègrement les 30 °C. Et ce n'est pas près de s'arrêter : depuis trente ans, la France connaît quatre fois plus d'épisodes caniculaires par an[11]. Rappelons à titre indicatif qu'une chaleur excessive provoque maux de tête, fatigue, baisse de la concentration, énervement et, dans les cas les plus extrêmes, déshydratation. De nombreux parents rapportent que leurs enfants se sont déjà plaints de malaises à la suite d'une journée passée au sein de ces classes chauffées à blanc.

Face à cette situation, les acteurs de la communauté éducative commencent à doucement se mobiliser et réclament des mesures concrètes pour garantir des conditions d'apprentissage (et d'enseignement) supportables. Parce que s'asperger d'eau le visage et le torse ne peut être, à terme, la solution ! Climatisation, systèmes de refroidissement d'urgence, refonte de l'isolation thermique, ou pourquoi pas modification des horaires de cours en cas de canicule, peu importe ! Mais il faudra bien faire quelque chose si le ministère ne veut pas voir la une des journaux afficher, en pleine page, un nombre croissant de malaises chez les élèves.

III
Le bahut, un petit monde en soi

Approchez, approchez ! Toute la ribambelle est là pour vous servir ! Parce que, en dehors des enseignants, l'école est aussi un microcosme des plus divers. Comme en ethnologie, on y découvre toujours des espèces rares et inattendues. Les quelques lignes qui suivent forment un modeste bestiaire, qui devrait tout de même vous guider dans ce qui s'apparente au premier abord à une vraie jungle.

Le who's who *du personnel éducatif*

Commençons par le mot, souvent entendu, de « **vie scolaire** ». Sous ce terme légèrement poétique et presque printanier (et avouons-le, franchement abscons) se dissimulent plusieurs choses : à la fois un ensemble de lieux (bureaux et permanence), des personnels (CPE et AED) et une notion de vivre-ensemble. La fusion de ces trois éléments concourt à un seul et même objectif : qu'un climat serein règne dans l'établissement.

Cœur battant de l'établissement, la vie scolaire transcende les enseignements véhiculés en classe : plus que le savoir, c'est le savoir-être qui compte. Les jeunes doivent s'épanouir à l'intérieur d'un cadre rassurant et protecteur, ainsi qu'apprendre à coexister avec leurs pairs, quels que soient leurs origines, leurs croyances ou leurs parcours. C'est même obligatoire de leur proposer au moins un programme de prévention contre le harcèlement et/ou un atelier de sensibilisation à la diversité[1]. Il s'agit ainsi d'éveiller nos élèves à la citoyenneté, en stimulant l'empathie, la solidarité, la tolérance et en réfrénant toute velléité agressive. Au-delà de la formation du bon petit contribuable, la vie scolaire a aussi pour mission d'encourager le potentiel de chacun, de favoriser l'éclosion de la créativité, d'inciter à l'engagement dans des activités artistiques, sportives ou sociales. Véritable tremplin vers l'intégration, une bonne vie scolaire augmenterait même le taux de réussite des élèves[2] ! D'ailleurs, l'univers cinématographique français ne s'y est pas trompé[3]. Les réalisateurs semblent avoir un véritable coup de foudre pour nos couloirs défraîchis, nos salles de perm' aux tables de guingois et nos super éducateurs-psys-parents-frangins-amis-docteurs-distributeurs en tout genre que sont les AED et les CPE. Fichtre !

Anciennement appelés « pions » ou « surveillants », les **AED** (assistants d'éducation) sont les petites – mais indispensables – mains de la vie scolaire. À défaut de les doter de contrats engageants, l'État leur offre du moins une appellation valorisante. Ça doit leur faire une belle jambe, mais passons… On estime leur nombre à 50 000[4], ce qui correspond à une moyenne d'un AED pour environ cent vingt élèves et 2 800 m² de surface à recoins, étages, cachettes en tout genre… Souvent embauchés en contrat à durée déterminée (CDD), les AED font partie des précaires de la fonction publique. Le salaire peut varier selon l'expérience, la région, le type de contrat… En général, il avoisine quand même le SMIC pour un temps plein d'au moins 40 heures hebdomadaires, puisqu'ils doivent « rattraper » les vacances scolaires (*sic*). Ce qui explique pourquoi on les voit si tôt le matin et si tard le soir. Les premiers sont les derniers ! Côté profil type, l'AED est relativement jeune, entre 25 et 30 ans, même si quelques individus plus âgés ont intégré tardivement la profession ou ne l'ont tout simplement jamais quittée[5]. Ses fonctions se déclinent principalement entre surveillance et médiation. Je vous assure que c'est loin d'être évident d'éviter que la cour ne se transforme en purgatoire et de gérer des hordes d'élèves affamés à la cantine ! L'AED peut aussi se faire animateur sur la pause méridienne. Et il recense les absences. Son rôle est souvent aussi crucial que mésestimé. Or, une vie scolaire qui dysfonctionne est l'assurance que tout finisse immanquablement par partir à vau-l'eau.

À la tête de l'équipe d'AED se trouve un acteur essentiel et incontournable de la vie de l'établissement : le **CPE** (conseiller principal d'éducation). Il est malaisé de décrire en peu de mots la teneur de son travail tant ses fonctions sont nombreuses et tant son influence contribue à façonner (en bien ou en mal) tout l'environnement. Polymorphe et adaptable, le CPE est un véritable couteau suisse scolaire :

tantôt médiateur et conciliateur, tantôt coordonnateur et organisateur, tantôt promoteur de la citoyenneté, il interagit avec tout le monde, des élèves aux personnels, en passant par les parents et les partenaires extérieurs[6]. Son champ d'action est si impressionnant que la quasi-intégralité des élèves affirme avoir eu, au moins une fois dans l'année, un échange individuel avec le CPE. Autrement dit, tout le monde y passe !

En cas de conflit, tel un négociateur lors d'une prise d'otage, il s'efforce de régler les différends de manière pacifique tout en favorisant l'échange et le dialogue entre les individus, quel que soit leur âge – ne croyez pas qu'il n'y ait que les élèves qui ont le don de se pourrir entre eux, cela arrive aussi entre adultes ! Lors des signalements de harcèlement, le CPE est en première ligne. À lui de trouver des solutions à un problème qui n'en a souvent aucune, tant la chose est polycéphale, retorse et sans cesse renaissante. Il joue également un rôle moteur dans la prévention des comportements à risque, même si le plus souvent son métier consiste à régler le sort des élèves « problématiques », qu'ils soient récidivistes dans le bavardage ou dans la violence. Sa fonction n'est pas que punitive, elle se veut surtout préventive. C'est pourquoi il s'investit dans l'organisation d'ateliers liés (de près ou de loin) au bien-vivre-ensemble. C'est moins une passion qui lui est propre – quoique ! vu le sacerdoce de ses missions, il doit y avoir un peu de cela – qu'une nécessité qui lui est imposée par l'Éducation nationale. Exclusion scolaire, homophobie, mal-être des banlieues..., le panel des thématiques à aborder est large. C'est un peu le melting-pot de la bienveillance.

Bien souvent, le CPE est apprécié des élèves, qui le considèrent comme une sorte de repère, de référent « bien-être », malgré les punitions qu'il distribue. Il incarne la discipline bienveillante, quand le rôle du professeur est avant tout d'enseigner. Preuve irréfutable de son importance, les établissements dotés d'un CPE à temps plein enregistrent une diminution du taux d'absentéisme et du décrochage scolaire[7]. Pour faire bref, il est un pont entre plusieurs mondes.

Alors, CPE, un métier de rêve ? Si vous aimez travailler 60 heures par semaine sur des plages horaires pouvant aller de 7 h 30 à 22 h 30, si vous souhaitez connaître la joie d'être pris en étau entre la direction d'un côté, les professeurs, les parents et les élèves de l'autre, le tout pour un salaire net de 2 000 euros par mois (primes comptabilisées) : le job est pour vous !

Action ? Réaction !

Les « sanctionnettes »

« Si tu continues… ! » À force de vous entendre seriner cette rengaine, l'élève se rend vite compte que vous bluffez, que le péril est loin d'être tangible et que les chances de s'en sortir indemne sont grandes. Donc le chaos continue à mesure que la vaine sentence se répète. Avec une scie, on coupe du bois, mais on ne rétablit pas l'ordre.

Si les menaces verbales n'ont pas suffi – et il faut avouer qu'elles échouent souvent –, il est grand temps de sortir une artillerie un chouia plus lourde et de passer au **mot dans le carnet**. Là encore, la capacité à effrayer dépend de plusieurs facteurs, comme l'implication réelle des parents, la couardise de l'élève ou encore sa dextérité à déchirer les pages incriminantes sans se faire prendre. J'ai déjà croisé d'éminents faussaires, capables de faire disparaître des feuillets sans que le carnet semble avoir subi le moindre outrage. Un travail digne des plus grands professionnels qui ne déparerait pas au sein du service comptabilité de certains cabinets noirs. Hélas, ce talent tend à se perdre avec le tout-numérique !

Étonnamment, l'**heure de colle** n'est pas si facile à donner. Je ne parle pas ici des tremblements du professeur qui sent son âme se scinder à l'idée d'infliger un tel châtiment à un si jeune être. Non, ce qui est pénible, c'est d'anticiper qu'il faudra trouver, en accord avec la vie scolaire, un créneau pour accueillir l'élève fauteur de troubles sans que ladite punition chevauche l'un de ses cours ou intervienne sur une plage horaire incompatible avec les contraintes des AED. En somme, un véritable casse-tête qui se termine souvent en simple mot dans le carnet.

Et si rien, mais vraiment rien, n'a fonctionné jusqu'ici, il est toujours possible d'envisager un nouveau joker et d'entrer directement en communication avec la famille de l'enfant, en s'adonnant au plaisir de l'**appel aux parents**. À de très rares occasions, la discussion peut prendre une tournure inattendue, mais bien souvent elle reste courtoise. On sent que chacun tente de rester maître de son jeu, on ne dévoile ses cartes que les unes après les autres : « Mon enfant m'a dit qu'en classe... », « Ah ! Il a oublié de vous mentionner qu'il avait insulté son camarade avant de lui lancer une cartouche d'encre en plein visage ? » Au fond, tout cela est de bonne guerre, il n'y a aucun intérêt à se brouiller avec les parents. Au contraire, les appels servent aussi à mieux comprendre ce qu'il se passe au sein des foyers, afin d'appréhender plus justement les réactions ou le ressenti d'un élève. Et rien n'empêche d'appeler les parents pour leur dire, aussi, que tout va bien ! Ça prend peu de temps et c'est toujours agréable à entendre. Parce que c'est peu dire que nous formons le tandem patraque d'une relation souvent toxique : tantôt alliés, tantôt ennemis, tout est souvent question de circonstances. Il y a les partenariats plaisants et les échanges vifs, les rencontres de mauvais aloi et celles de mauvaise foi. Mais, de tout cela, ne retenons qu'une chose : la collaboration reste indispensable. Nous ne nous débarrasserons pas de vous, vous ne vous débarrasserez pas de nous. Éternellement enchevêtrés l'un dans l'autre.

Les sanctions

Quand le prof et les parents ne suffisent plus pour gérer la situation, il faut passer au niveau supérieur et rameuter la troupe, CPE en tête, armée de la panoplie de sanctions.

La première fois que j'ai entendu « Il est en train de faire ses **TIG** », j'avoue ne pas avoir tout saisi du sens premier de cette phrase. C'est qu'il faut garder à l'esprit que l'acronyme se prononce « tige » comme dans « coton-tige » et que je trouvais saugrenu de dire d'un élève qui ramassait des branches mortes dans la cour qu'il faisait des « tiges ». Disons que l'audace lexicale me semblait aller un peu trop loin. Ce n'est que le lendemain que j'ai pleinement compris le sens de la formule (je sais, il m'a fallu du temps). Les TIG (travaux d'intérêt général) commencent à être envisagés en tant que sanction disciplinaire à partir de la rentrée 2011. L'objectif est double : marquer les manquements de l'élève tout en mettant l'accent sur l'insertion sociale, en amont des punitions traditionnelles telles que l'exclusion temporaire ou définitive. Ils peuvent être prononcés par le conseil de discipline dans une perspective de peine amoindrie. Traditionnellement exécutés en dehors du temps scolaire, ils ne peuvent excéder les 20 heures et nécessitent l'accord des parents. Les TIG ont lieu au sein de l'établissement scolaire ou à l'intérieur d'une association. Des partenariats sont ainsi montés avec des associations comme Emmaüs ou la Croix-Rouge, mais le plus souvent l'élève déambulera dans la cour, muni d'une pince attrape-déchets et sous la surveillance plus ou moins active d'un AED ou de l'homme à tout faire du bâtiment. Fréquemment, l'élève est hilare, trop heureux d'échapper à l'ennui d'une salle de classe (les TIG, en pratique, se font *pendant* le temps scolaire), et n'hésite pas à parader devant ses camarades en maniant la souffleuse à feuilles.

Si les TIG n'ont pas eu les effets escomptés, le **conseil de discipline** entre alors dans la danse, avec la possibilité de décréter une exclusion temporaire ou définitive de l'établissement. Chaque année, des milliers d'enfants sont mis à la porte de leur école[8]. Mais, parce qu'il y a toujours un « mais », qu'en faire ?

Rappelons que la scolarisation reste obligatoire jusqu'à 16 ans. Eh bien, tout simplement transférer l'élève prié d'aller voir ailleurs dans un autre établissement, si possible pas trop éloigné de son domicile. Autrement dit : il est sorti par la porte, il rentre par la fenêtre. C'est pourquoi on y réfléchit à deux fois avant de prononcer une exclusion définitive, suivant l'adage de « vous savez ce que vous perdez, vous ignorez ce que vous gagnez ». Vous avez encore un peu de mal à vous représenter les réticences ? Laissez-moi vous expliquer.

Prenons un cas hypothétique : Lara, de la 3e B, vient de déclencher l'alarme incendie pour la sixième fois de la semaine. À chaque sonnerie, l'établissement est obligé d'évacuer l'ensemble des élèves, dans un chahut de plus en plus développé à mesure que les fausses alertes s'accumulent. Comment arrêter cette spirale que ni heures de colle ni rendez-vous avec les parents n'ont stoppée ? Une exclusion ? Sauf que Lara est en troisième. Autrement dit, sa scolarité au collège est quasiment finie. Si vous l'excluez, vous pouvez très bien tomber sur Bruno, jeune psychopathe de sixième qui frappe ses camarades à coups de crosse de hockey. Vous ne voyez toujours pas le problème ? Résumons : Lara n'a plus qu'un an à « tirer », alors que si vous récupérez Bruno, vous allez devoir le supporter au bas mot pendant encore trois longues années. Donc, forcément, pareille considération incite à réfléchir et la main des juges se met à trembler. Et si on allait échanger une Charybde contre une Scylla pire encore ? Un conseil de discipline ressemble beaucoup à une table de poker, vous connaissez votre jeu, pas celui de l'adversaire.

Vous comprenez mieux maintenant pourquoi il n'y a « que » quelques milliers d'**exclusions définitives** par an, contre des centaines de milliers d'**exclusions temporaires**[9]. Pour vous donner un ordre d'idée, chaque jour d'école trois élèves par collège en moyenne sont priés de rester chez eux[10]. On s'interroge alors sur le caractère censé être « exceptionnel » de cette sanction, qui devrait systématiquement être accompagnée d'un encadrement éducatif. Il faut bien avouer que, la plupart du temps, pour l'élève ça ressemble davantage à des RTT[11], tant et si bien que certains y prennent tellement goût qu'ils finissent par ne plus venir du tout !

Comment ça va à l'école ?
Oh, plutôt bien ! Je n'y vais plus

On les remarque parfois à peine, constatant leur absence à leur chaise restée vide : ce sont les discrets. D'autres, au contraire, se font amèrement regretter (« Untel n'est pas là ? ») : ce sont les chouchous. Quant au troisième type, on ressent toute l'infinie félicité qu'occasionne leur non-présence à l'air réjoui de l'enseignant : ce sont les pénibles.

Car si les élèves sont majoritairement présents, une classe reste rarement complète, ses rangs se réagencent en permanence en fonction des absents.

Quand l'élève manque les cours de manière injustifiée au moins quatre demi-journées par mois, il bascule du côté des absentéistes. Variable selon les saisons, l'**absentéisme** a tout de même progressé notablement depuis 2023, pour toucher environ 7 % des élèves[12]. Cette moyenne connaît un pic en mars, la faute aux épreuves de spécialité du bac qui démobilisent un grand nombre de lycéens. Il faut dire aussi que c'est variable selon le lieu et le type d'établissement. Quasiment inconnu des « beaux quartiers », l'absentéisme galope de manière souvent insidieuse dans les cités. Si son taux est de 5 % dans les collèges et de 8,7 % dans les lycées généraux et technologiques, il s'affole littéralement pour atteindre 16,7 % au sein des lycées professionnels[13] !

Plus on avance dans l'année, plus la motivation s'étiole. Non contents des ponts du joli mois de mai, certains en font des viaducs. Et on n'ose évoquer la physionomie de juin, plus grêlé qu'un vérolé. À dire vrai, on reste surpris de constater qu'il reste encore une poignée d'élèves quand la fin juin approche. Le professeur les contemple d'ailleurs avec une forme d'inavouable suspicion : que recherchent-ils exactement dans les entrailles du navire déserté ? Ne se sont-ils pas aperçus que le clairon des vacances avait, déjà, sonné l'hallali ?

À force de pointer aux abonnés absents, on finit par **décrocher** pour de bon. Pas loin de 100 000 jeunes sortent chaque année du système scolaire sans qualification. Maigre consolation, leur nombre baisse sensiblement depuis quinze ans et les Français sont même en dessous de la moyenne européenne, qui plafonne autour des 10 %[14]. Cette diminution du taux d'abandon montre qu'une politique européenne d'envergure peut porter ses fruits, pour peu qu'on y mette un minimum de moyens ! Mais ne nous enflammons pas : autant quelques récalcitrants du système trouvent leur bonheur dans des micro-lycées ou des écoles de la seconde chance, autant d'autres brouillent les radars en s'inscrivant sur des plateformes de suivi, et une poignée disparaît tout bonnement des statistiques. Sur le papier, tout le monde est content, mais sur le terrain c'est au petit bonheur la chance, et surtout au CPE de se débrouiller pour réorienter ces oubliés du système et leur éviter la voie du chômage, de l'exclusion sociale et de la pauvreté[15].

La carte du maraudeur

Sombre ou mystérieux, vétuste ou rénové, chaque établissement possède son écheveau labyrinthique à la *Shining*. Quelques-uns, soucieux d'afficher un rassurant pragmatisme, adoptent un code couleur : bleu marine pour le rez-de-chaussée, vert bouteille pour le deuxième étage, rouge boucherie pour le troisième (pour le plus grand bonheur des élèves qui s'y sentent inexplicablement oppressés). Cessons là les digressions cosmétiques !

Normalement déserté pendant les cours, le **couloir** se peuple d'une foule animée lors des intercours. Sorte de cordon ombilical serpentant entre la classe et la cour, cet espace clos offre une relative sécurité. On s'y sent même tellement bien qu'il faut sortir manu militari les nombreux élèves qui s'y planquent pendant les récréations. Les plus taquins et gymnastes y organisent des concours de lancer de sac en hauteur : déplacer l'une des plaques en contreplaqué formant le faux plafond rapporte 50 points, la faire tomber, 100. Un tir particulièrement habile et puissant peut même coincer le cartable entre deux dalles. Cheh !

Dans les collèges publics, les élèves profitent des intercours pour migrer d'une classe à l'autre, dépensant une partie de l'énergie contenue sur leur chaise, tandis que ceux du privé disposent bien souvent de leur propre salle de classe : aux professeurs de se déplacer. Sur le papier je n'ai rien contre, dans les faits cela crée une sorte de territorialisation de l'espace qui devient la propriété des élèves, quand le professeur n'est qu'un migrant, un intrus et même, disons le mot, un apatride. Un sans-classe – dans les deux sens du terme !

Et lors de ces cinq minutes de latence où les élèves se retrouvent livrés à eux-mêmes, leur instinct de jeunes propriétaires a le temps de se déployer avec force. Ça hurle, ça se déplace, ça tire les rideaux, ça ferme les fenêtres, ça change les tables de place et parfois même la chaise du professeur (laquelle se retrouve systématiquement à jouer un rôle de cale-porte). Vous rentrez en territoire ennemi dans un brouhaha qui vous fait regretter le temps béni où les lieux étaient encore vôtres. Las, le professeur réapprivoise la servitude de ces lointains ancêtres. Cela aide à conserver un profil modeste !

Si les élèves font trop de chahut dans les couloirs, il est toujours envisageable de les mettre en **permanence**. En moyenne, les élèves y passent entre trois et quatre heures par semaine. La permanence est à l'école ce que le sparadrap est à la morsure : un indispensable bouche-trou ! Tantôt calme, tantôt folklorique, elle impose son style selon l'AED qui la surveille. Sur le papier, c'est un repaire consacré à l'étude, dans les faits c'est une sorte de cour de récréation qui a le mérite de posséder un toit et quatre murs. On y est à l'abri de la pluie, du vent, mais pas forcément de l'ennui.

Quelques surveillants tentent d'animer la permanence en proposant des concours de dessins, des activités coloriage de mandalas ou encore des tournois officiels de « petit bac ». Certains élèves sont partants, d'autres, esseulés, préfèrent comater devant une feuille blanche, refusant à toute force de participer à l'atelier ludique qui leur est proposé. Au fond de la salle, un groupe de filles fait semblant de bosser, mais rapidement la conversation s'anime et on les devine occupées à tout sauf à trouver le nom d'un fruit qui commence par la lettre *F*. Quelques bons élèves en profitent pour relire leurs leçons quand des cancres essaient de recopier à la dernière minute les devoirs qu'ils n'ont pas faits avant que ne débute le prochain cours.

La permanence est aussi ce lieu où le professeur peut apprendre à mieux connaître ses élèves, pour peu qu'il y passe la tête. On découvre des caractères et des individualités que l'on n'aurait pas toujours soupçonnés. Toutefois, conservons à l'esprit que la perm' ressemble beaucoup à une zone de non-droit pour l'enseignant ! Sa seule présence suffit à créer comme une suspension dans ce climat décontracté qui n'est pas encore une salle de classe, tout en n'étant plus la débandade de la récré. On s'y sent un peu comme un intrus, c'est le lieu des élèves et des surveillants. Y pénétrer à l'improviste est comme s'affranchir de tout bon sens et entrer sans frapper dans la chambre d'un adolescent. L'accueil est parfois poli mais on perçoit qu'on n'y est pas forcément le bienvenu !

Et si, même là, la horde n'est toujours pas canalisable, il ne reste plus qu'à tenter la **cour de récré**. Indéniablement, c'est le royaume des garçons. Sous prétexte d'une partie de football, ceux-ci s'étalent et ne laissent aux filles que les cordons d'une principauté qui leur est interdite. La répartition spatiale d'une cour est chose fascinante, et j'invite n'importe quel aspirant sociologue ou anthropologue à venir constater, de ses yeux, ce partage territorial tout droit surgi des nébuleuses de l'inconscient. Les hommes au centre et les femmes reléguées à un mince pourtour. Cette structure doit relever d'un fond préhistorique diffus. Je ne m'explique pas la chose autrement dans l'ère post-#MeToo ! Du cerveau primitif à l'estomac, la transition est toute trouvée…

La faim et les moyens !

Plus d'un milliard de repas sont servis, chaque année, dans les **cantines scolaires** de France et de Navarre[16]. En termes d'affluence, on peut difficilement faire mieux ! Ces chiffres pantagruéliques laissent imaginer une armée de marmitons en tout genre, louche au poing et marmites crachotantes sur de profonds fourneaux. Las, le temps de Vatel n'est plus. Les cantines aux soufflets rougeoyants n'existent plus que dans l'imaginaire d'une époque révolue. De nos jours, elles ressemblent le plus souvent à l'antichambre hygiénique où se préparent des repas lyophilisés, calibrés au gramme près et sagement enveloppés dans leur gangue de plastique. Des sortes de menus *made in* NASA.

Mais revenons aux chiffres[17] : 75 % des 13 millions d'élèves scolarisés mangent au moins une fois par semaine à la cantine, et 60 % y déjeunent au moins quatre fois par semaine. En France, le prix moyen d'un repas est d'environ 3,30 euros pour les écoles primaires et avoisine les 4,50 euros dans les collèges et lycées, mais ça varie considérablement en fonction du quotient familial[18]. Du moins si votre enfant est scolarisé dans le public, le « mess » au sein du privé coûtant plus du double[19]. La faute à un État qui ne prend pas en charge la facture tandis qu'il couvre la moitié des frais dans le public. Mais alors, à ce prix-là, qu'espérer avoir au fond de sa gamelle ?

Parce qu'on promet aux parents, forcément inquiets de la bonne nutrition de leurs petits, des repas issus – au minimum à 20 % – des filières de l'agriculture biologique[20]. Permettez-moi d'en douter gentiment, mais si on nous l'affirme, je ne conteste plus et plie l'échine.

Autre cheval de bataille, être en capacité d'offrir un repas adapté aux élèves souffrant d'allergie alimentaire. La majorité des cantines proposeraient une offre adaptée[21]. Alors là, je pouffe. Sans retenue. Pour toute adaptabilité, les enfants allergiques ont le droit d'apporter un panier-repas confectionné par leurs parents (ou par l'élève en question : on reconnaît ce dernier à sa propension à accumuler les aliments sucrés).

— Qu'est-ce que c'est ?

— Un sandwich brioche-choco-banane !

Pire, dans certains établissements, les enfants doivent payer un droit d'usage (ou d'usure) pour utiliser les couverts et s'asseoir à table. Cela afin d'être sûr que des parents retors ne profiteraient pas d'une fausse allergie pour faire manger à l'œil leur progéniture (parce que si votre enfant ne paie pas la cantine, il n'a pas à s'y installer pour manger au même endroit que ses petits camarades qui, eux, ont payé !). S'asseoir sur un siège inconfortable et manger à une table poisseuse sont des privilèges réservés à une élite. Il ne s'agirait pas que n'importe qui puisse s'installer n'importe où !

Quant au repas végétarien, en voilà une joyeuse arnaque ! Loin de proposer une gastronomie alternative et variée, il se résume souvent au seul « chili sans viande ». On y observe des morceaux d'une chose non définie et on hésite entre des bribes de soja ou des bouts de pneu. On prie d'ailleurs pour que cela soit du pneu, tout en redoutant l'aspect vaguement cancérigène de l'ensemble.

D'ailleurs, sachez que les enfants disposent d'une vingtaine de minutes pour avaler entrée, plat, fromage, dessert et pain. Cela dit, j'ai déjà assisté à des repas engloutis manu militari en moins de douze minutes (chrono en main). Tous les établissements ne disposent pas d'un réfectoire suffisamment vaste, il faudrait pousser les murs et l'Éducation nationale n'est pas Poudlard. Du coup, on jongle avec la seule chose que l'on a, c'est-à-dire : le temps ! Les enfants doivent suivre un parcours qui ressemble fortement à une épreuve de *Fort Boyard*. Les surveillants, sans répit, aboient des ordres et incitent à la bonne (et rapide) ingestion des aliments. On mastique, on déglutit, on respire… le tout en vitesse, et on recommence !

La cantine, c'est aussi le règne de la débrouille ; rien ne ressemble plus à une société des temps anté-historiques qu'un déjeuner scolaire. Un petit pain se négocie contre un yaourt aux fruits, une Danette peut s'échanger contre deux Kiri. Les frites en revanche sont rarement sujettes au troc, c'est une denrée précieuse que l'on se réserve et tant pis pour les éventuels bénéfices !

Mais la cantine, c'est aussi les entresols du palais Farnèse, l'endroit où se nouent et se dénouent les intrigues. Des amitiés y seront sacrifiées sur l'autel d'éphémères alliances. Les demi-pensionnaires l'ignorent encore, mais le fragile équilibre des allégeances vient de se rompre. Tout à l'heure un nouvel ordre déploiera ses fragiles bannières.

Mais détaillons un peu plus deux ou trois petites choses.

Beaucoup de cantines sont étonnamment dépourvues de **micro-ondes** et quand elles en proposent un, une feuille A4 platement scotchée sur la porte indique « Ne pas réchauffer son pain ou son fromage ».

La première fois que je suis passée devant, la lecture de cet affichage m'avait laissée sceptique : qui voudrait faire chauffer un bout de pain élastique au risque qu'il ne vire mélasse ?

Une collègue m'expliqua un jour la chose :

— Les enfants improvisent des panini.

— Ils improvisent des panini ?

— Ils ouvrent leur pain, mettent une Vache qui rit à l'intérieur et font chauffer le tout.

— Et ?

— Le fromage ressort brûlant.

— Tu veux dire que des élèves se sont blessés à cause d'une Vache qui rit ?

Dans quel monde vivons-nous ?

Même privée de micro-ondes et attablée à l'une des nombreuses tables poisseuses de la cantine, j'allais plonger ma fourchette dans l'amas caoutchouteux d'une molle mais néanmoins compacte **purée** quand j'eus la surprise de voir celle-ci bouger. Je mis quelques secondes à réagir à l'anormalité de la situation. Qu'était-ce encore que cette sorcellerie ? Quel élève ou quel collègue s'était permis de « vaudouiser » ainsi ma nourriture ?

De fait, rien de bien paranormal à cela, et j'eus bientôt la prosaïque explication d'un pareil phénomène. Sous la purée vivait un cafard qui, par malheur pour nous deux, était tombé dans la marmite et tentait de fuir ce magma tout en charriant sur sa carapace un dôme brûlant. J'eus une peine réelle pour cet importun chargé d'un trop lourd fardeau.

Pour les plus chanceux qui parviennent à faire le mur et à manger à l'extérieur, une seule direction possible : le **kebab** ! Trois cent soixante millions de kebabs sont vendus chaque année en France[22] et, sans mentir, la moitié d'entre eux doivent être digérés dans l'estomac des élèves (l'autre moitié servant de petit déjeuner aux rescapés des boîtes de nuit).

Il n'est pas une journée qui passe sans qu'il soit fait mention de ce plat. C'est si vrai que les trois quarts des copies des classes de sixième parlent spontanément de ce lieu quand on leur demande d'évoquer leur meilleur souvenir de vacances : « kebab du bord de plage », « kebab de la montagne », « kebab du restaurant *all inclusive* »... Et j'en passe, tant les avatars sont nombreux.

Entre mystères et ennui : le CDI

Dans de très rares cas, le **CDI** (centre de documentation et d'information) est tourné vers une modernité de bon aloi (cabine d'enregistrement, salle de projection, coin médiathèque...), mais le plus souvent il regarde avec obstination les années 1970 où les chaises en plastique mou et les tapisseries faussement bariolées se voulaient la preuve indiscutable de la modernité et du « peps ». Bienvenue dans une ambiance *Retour vers le futur* ! On devine le personnel et les enfants ravis !

Et puis songeons que peu d'établissements possèdent un nombre suffisant de préaux et qu'en cas de fortes averses les salles de permanence sont soit fermées, soit interdites. Alors que faire pour échapper aux caprices du ciel sinon se réfugier à l'intérieur du seul espace ouvert, à savoir le centre de documentation et d'information (le nom est d'ailleurs à mi-chemin de *Total Recall* et d'une coopérative maoïste) ?

Petit problème, le CDI se veut un lieu de silence, presque de recueillement, dans la tête du professeur documentaliste qui accueille pourtant en son temple des pèlerins égarés par la pluie et non des anachorètes soucieux d'approfondir leur savoir livresque. Alors l'éternel jeu du chat et de la souris recommence, les élèves tentant de s'amuser, le professeur les poursuivant de ses injonctions au silence. *Tom et Jerry* le remake à chaque temps de chien.

Les **professeurs documentalistes** en sont responsables sans compter que leur rôle, en théorie, est d'enseigner aux collégiens et lycéens où, et comment, rechercher l'information de manière efficace, ou de les aiguiller dans le choix d'un ouvrage à emprunter.

Comptés comme des professeurs à part entière sur le papier, les professeurs documentalistes restent pourtant souvent à bonne distance de la salle des professeurs. C'est que « le type ou la dame du CDI » n'est pas tout à fait considéré(e) comme un enseignant à part entière. On peut le déplorer mais c'est un fait. Alors on les voit peu, ils n'évoluent qu'au sein de leur CDI, ombrageux et mystérieux, un peu à part comme s'ils gardaient un secret.

Leurs fonctions consistent le plus souvent dans le catalogage d'innombrables ouvrages, dans les commandes quotidiennes de nouveaux livres ainsi que dans la traque et l'élimination des gamins chapardeurs. C'est que les vols y sont nombreux, peu d'établissements peuvent se doter d'un portique de sécurité, et les livres, si facilement, s'envolent…

Cela dit, beaucoup s'impliquent fortement dans la vie du collège et proposent une myriade de concours et d'activités annexes. D'ailleurs, on les voit souvent tenter une approche en direction des professeurs de lettres (leurs alliés naturels), qui, selon leur caractère, sont soit réceptifs, soit évasifs à la perspective d'ajouter un projet supplémentaire à leur calendrier déjà bien chargé. Au fond, ce sont les élèves qui leur rendent le plus souvent hommage.

Va y avoir du sport !

Le saviez-vous ? Les **gymnases** sont souvent d'une infinie laideur et d'une consternante puanteur.

Puisque nous abordons les choses qui fâchent, soulevons l'épineuse problématique du **jogging**. Souvent toléré dans le public, ce vêtement est, en général, strictement réservé aux cours de sport dans le privé. Au grand désarroi des élèves qui ont d'autant plus de mal à comprendre cette consigne que le sweat floqué, lui, est autorisé. On peut être inélégant du haut mais pas du bas ! Retenez la leçon. La jeunesse étant ce qu'elle est, des tentatives de résistance se mettent en place. Alors qu'un surveillant demande à un élève de se changer, ce dernier réplique :

— Ça va, j'ai compris, je me changerai pendant la récré.

Vingt minutes passent et je fais rentrer mes innocentes brebis quand mon œil avisé est attiré par ledit élève toujours accoutré de son jogging.

— Je croyais que le surveillant t'avait demandé de te changer.

— Je le fais tout de suite, madame !

Et, le plus naturellement du monde, l'enfant se déshabille – en pleine classe – et se met en caleçon.

— Qu'est-ce que c'est que cette idée encore ?! Tu comptes te promener en bermuda ?

— C'est pas un bermuda, c'est un short de sport !

— Tu ne peux pas rester comme ça !

— Pourquoi ?

— Si le jogging est interdit, tu penses bien que le short de sport n'est pas de saison !

— Alors je fais quoi ? Je me rhabille ?

— Bien sûr et pas qu'un peu ! Hop, hop ! Cachez ce short que je ne saurais voir.

Ouille ! Aïe ! Éloignez ce sparadrap que je ne saurais voir

Warning : enfant en danger devant infirmerie déserte !

L'**infirmerie scolaire** est au moins aussi efficace qu'un sparadrap collé sur un membre amputé ou qu'un sachet d'épices porté en sautoir pour combattre une épidémie de peste. Nombreux d'ailleurs sont les établissements à en être entièrement dépourvus. Parfois, une salle y est vaguement dédiée, repérable au mot « infirmerie » maladroitement écrit au-dessus d'un chambranle de porte avec une peinture rouge, verte ou bleue. La pièce dispose, pour seul meuble, d'un lit à sangles probablement récupéré dans les surplus de l'armée et parfois, sur un bureau de guingois, d'un pot en verre contenant des serviettes hygiéniques en libre-service.

Sachez qu'en moyenne l'infirmerie ne sera ouverte qu'une demi-journée par semaine. Tantôt c'est le mardi après-midi, tantôt le vendredi matin ; il est donc de bon ton que l'élève choisisse avec minutie son créneau pour tomber malade ou se blesser.

La France dispose sur tout son territoire d'environ 7 700 **infirmières** scolaires. Cela nous donne une moyenne d'une infirmière scolaire pour 2 300 élèves[23]. C'est peu, trop peu. Et on ne parle même pas de la psychologue scolaire qui, elle, se partage entre 1 500 enfants[24]. La situation est telle que près des deux tiers des infirmiers scolaires envisagent de changer à court terme de métier. Cela dit, même si on peut déplorer de futurs départs, il n'est pas bien sûr que les élèves s'aperçoivent que leur demi-journée d'infirmerie leur aura été « sucrée ». En général, ils savent que la trousse de secours est dans le casier du professeur de sport et ils filent tous en direction du gymnase au moindre incident.

Et ça en fait tout de même un sacré nombre à gérer ! Chaque année, près de 27 000 **accidents** sont signalés en primaire, 17 000 au collège et « seulement » 11 000 au lycée[25]. Les grands sont décidément plus stables sur leurs pattes ! L'écrasante majorité relève du bénin (sinon de l'anecdotique) et la pose d'un pansement reste même chose facultative... sauf si celui-ci est transparent ! Les écoliers en raffolent et j'ai déjà vu un sixième tenter de s'entailler la paume de la main avec la petite scie qui orne les bûches de Noël pour obtenir le diaphane bandage.

Mais épluchons un peu les statistiques, elles deviennent rapidement intéressantes. Si quasiment les deux tiers des accidents ont à voir avec une pratique sportive (cours d'EPS ou cour de récréation, « *pif paf pouf,* balle dans la face »), certaines données demeurent troublantes. Ainsi, 5 % des élèves interagiraient-ils maladroitement avec le bâti, tandis qu'ils seraient près de 3 % à se blesser avec du mobilier scolaire. Quant aux pourcentages restants, ils correspondent à ceux qui se sont cognés aux arbres et autres buissons. Pour les incidents les plus improbables et les catastrophes les plus inattendues s'invoque, bien que toujours à demi-mot, le terme de « sélection naturelle ». Mais j'ai peut-être une autre explication : le **manque de sommeil** généralisé.

Observez une salle de classe le matin, à 8 heures. On a l'impression d'assister au réveil des morts-vivants, les élèves sont là sans l'être, le corps est présent mais l'âme est clairement ailleurs. Nous sommes loin des matins radieux de *Gym Tonic*, quand combinaisons improbables et agressions fluorescentes venaient éveiller en rythme les années 1980. L'Institution pourrait ici réfléchir à quelque chose. En attendant, les adolescents dorment moins que les recommandations ne le préconisent. Selon une enquête menée en France en 2020, ils dormiraient, en moyenne, moins de sept heures par nuit quand la durée de sommeil idéale serait comprise entre huit et dix heures[26]. Procrastination, paresse et tronche de travers au réveil ! Là où le bât commence sérieusement à blesser, c'est qu'un quart des enfants de 11 ans et la moitié de ceux de 15 ans présentent un manque de sommeil de plus de deux heures par nuit[27]. Qu'est-ce qui peut ainsi tenir éloignés du lit nos enfants ?

Premier paradoxe, ils ne se couchent pas forcément plus tard que ceux des générations précédentes, c'est simplement que plutôt que lire ou tenter de se laisser gagner par le sommeil, ils surfent sur Internet et parcourent les différents réseaux sociaux. Je ne reviens pas ici sur les méfaits de la lumière bleue sur l'endormissement ni sur l'excitation qu'une telle activité peut provoquer, mais ces heures oisives finissent par peser lourd dans la balance. Quand nous sommes privés de sommeil, nos performances cognitives diminuent de 20 à 30 %, sans compter que la fatigue impacte le moral des élèves : 70 % des élèves disant « aller mal » avouent se sentir souvent fatigués, contre un quart de ceux qui se considèrent comme pleinement heureux. Alors, parents, pour le bonheur de vos enfants, faites une chose simple : planquez les chargeurs afin que le sommeil du portable coïncide avec celui de votre progéniture !

Vous l'avez compris, ne comptez pas sur l'infirmière pour faire votre travail à votre place. Si seulement une permanence médicale réelle avait lieu afin que les petits bobos ne se transforment pas en véritables maux, mais ce n'est pas le cas… Un jour, peut-être, serons-nous, en France, aussi vigilants et efficaces que nos voisins nordiques, la Finlande en tête[28] ? Mais le chemin est encore bien long, notamment en termes de santé mentale.

Quand le corps et le moral flanchent…

La question de la **santé mentale** à l'école reste, encore en 2025, un sujet tabou. On préfère ne pas l'évoquer, enfouir la chose sous le tapis ou, mieux encore, esquisser un sourire gêné. Quelle idée d'aborder frontalement ces choses-là, en tout il faut de la pudeur ! Et pourtant, selon des chiffres officiels, 13 % des moins de 10 ans souffriraient de troubles psychologiques sévères (bipolarité, autisme, TDAH, troubles délirants, retards mentaux[29]…) et un jeune sur deux entre 11 et 24 ans aurait déjà connu un épisode dépressif[30]. C'est dire l'ampleur des dégâts !

Face à cela, l'école se veut « inclusive », la chose est proclamée partout. Soit. Ainsi,

88 % des enfants présentant un trouble du psychisme sont tout bonnement intégrés dans les classes, et seulement 14 % ont le droit, à côté, à un soutien particulier[31]. Avec de tels chiffres, rien d'étonnant à ce que la routine de l'enseignant se heurte aux troubles psychiatriques. Je signale au passage que les enseignants lambda ne sont en rien formés pour accueillir de tels handicaps, qui plus est au milieu d'une trentaine d'autres élèves !

Certes, la nuance s'impose. On ne peut traiter l'humain dans les grandes lignes sans que cela aboutisse à la pire des inhumanités, à savoir l'altruisme comptable et tatillon, soucieux non pas des personnes, mais des statistiques. Quand elle est préparée, « l'inclusion » se passe souvent au mieux. Les autres élèves, habitués à avoir dans leur classe un ou deux élèves dits « à particularités », n'y font plus guère attention et se comportent avec eux de la même manière qu'avec un autre. En cela, nous pouvons être fiers de l'école républicaine. Tout n'est donc pas à refaire, de vraies réussites existent ! Mais (parce qu'il y a souvent un « mais ») que faire des cas limites ? Ceux qu'on ne sait plus sous quel angle aborder, tant les contours de leur pathologie sont mal définis. Finalement, ce sont eux les plus nombreux et les plus délicats à gérer : non diagnostiqués, donc non accompagnés, ils sont en sommeil et forment autant de grenades prêtes à exploser à chaque instant. Le plus souvent en plein vol. Je me rappelle un élève qui, alors que je diffusais un extrait de film, s'est soudain mis à proférer insanités sur insanités à la vue d'une comédienne de plus de 70 ans, hurlant qu'il allait lui fourrer quelque chose quelque part. Il a fallu une journée entière pour lui faire lâcher cette étonnante lubie.

Tous les professeurs ont connu, connaissent ou connaîtront de tels apartés. Invariablement. Dans certains quartiers plus que dans d'autres, tant il est constant que la misère s'ajoute à la misère. Chaque année, de trop nombreux élèves au comportement problématique sont laissés dans le système scolaire au détriment du bon sens et, parfois, de la sécurité des autres élèves. Ces enfants perturbés nécessiteraient, a minima, une prise en charge adaptée. Confrontés à une scolarisation « traditionnelle », ils peinent à trouver leur place. C'est qu'il n'y a que 69 000 places dans les instituts spécialisés, et l'on veut croire les classes de nos enfants extensibles[32].

Par ailleurs, songeons que coexistent au sein du même espace plusieurs profils qui devraient mutuellement s'exclure. Ainsi, si les « mutiques » s'isolent (certains élèves ne se redresseront jamais et resteront prostrés sur leur chaise, se recroquevillant si jamais quelqu'un les effleure), les « possédés » – en proie à des psychoses plus ou moins latentes – se mettent à invoquer le démon en plein cours, agressant camarades et professeurs et détériorant le matériel scolaire (déjà pas toujours au mieux de sa forme).

Ne nous leurrons pas, l'école ne sait pas soigner, elle ne peut que tenter de s'ajuster selon des capacités d'adaptation variables – la plupart du temps très réduites. Sans compter qu'il existe des cas plus troubles où le doute existe : l'enfant est-il malade ou se moque-t-il de son monde ? En cas d'accès colériques à répétition, la question peut rapidement s'envisager. Et face à ce problème qui n'est d'ailleurs en aucun cas propre à l'école (15 à 20 % des adultes souffriraient d'une pathologie psychiatrique), rien n'est véritablement fait[33]. On lance des campagnes de sensibilisation, on consacre la journée du 10 octobre à la cause, mais rien qui dépasse véritablement le cadre des vaines promesses. Aucun plan ni projet

ne politique clairement assu-
du rafistolage de dernière
l'école de remédier aux 400 unités
colaires au sein des lieux de soins démantelées ces dix dernières années[34] ! À l'école de faire comme si ce manque n'existait pas ! À l'école de remplacer les éducateurs spécialisés par des personnels contractualisés au lance-pierres et, le plus souvent, à peine sensibilisés aux problèmes !

Les rectorats sont d'ailleurs pleinement conscients du problème. Dans chaque académie, on virevolte avec les chiffres et les jeunes. Des milliers de signalements qui font remonter à la surface la misère enfouie. Que faire des élèves pour qui l'école reste inadaptée ? La situation est d'autant plus sordide qu'à aucun moment la possibilité du soin n'est sérieusement envisagée. Qu'un cas concret, un peu « moche », se présente et c'est : « Courage, fuyons ! » Si jamais la greffe ne prend pas, il suffit de maintenir les élèves de force dans le système, en sachant qu'une fois leurs 16 ans atteints la porte se referme. Définitivement, cette fois-ci.

Attardons-nous sur un cas particulier de souffrance psychique : l'**anorexie**. Ce trouble de l'alimentation touche environ un jeune sur cent[35]. Cela peut paraître peu, mais cela concerne tout de même quelques élèves par établissement. Et sans aller jusqu'à cette maladie, environ 20 % des jeunes filles adoptent des conduites de restriction, voire de jeûne. L'école encourage-t-elle cette tendance aux régimes ? Il faut bien admettre que nombreux sont les collégiens qui reconnaissent avoir déjà subi des moqueries ou des remarques déplaisantes concernant leur poids. Nos collèges et lycées ne sont pas des lieux extérieurs à la société, la quête de perfection des adultes se répercute sur les plus jeunes. L'école, ici comme ailleurs, forme une caisse de résonance. Elle ne crée pas les problèmes, elle les amplifie. Un suivi à long terme révèle d'ailleurs que les adolescents qui ont souffert d'anorexie ont trois fois plus de risque de développer des troubles anxieux ou dépressifs à l'âge adulte. La pathologie reste encore assez peu prise en charge, on la détecte ou on la pressent mais, bien souvent, cette première étape passée, plus rien d'autre n'est entrepris. Les enseignants, les élèves, les surveillants tentent d'aider comme ils le peuvent, mais tous restent démunis. J'ai déjà vu des collégiens encourager une de leurs camarades à avaler une bouchée supplémentaire à la cantine. La jeune fille en question reconnaissait avoir un problème avec l'alimentation tout en relativisant la gravité de son état. Oui, elle mange moins que ce qu'elle devrait, mais ce n'est pas si grave que cela. Elle fait constamment attention et puis c'est tout.

En prenant un peu de recul, je me rends compte que sur les 120 élèves que j'ai, en moyenne, chaque année, une poignée montre clairement des troubles de la nutrition à des stades plus ou moins préoccupants. Et, ici comme ailleurs, la prise en charge médicale est loin d'être suffisante.

Pavillon noir

Si l'école ferme si souvent les yeux sur le mal-être des jeunes et ne met pas les moyens adéquats pour le prévenir, il paraît difficile d'enrayer l'augmentation préoccupante du nombre de **suicides**. La France est l'un des pays qui comptent le plus de suicides en Europe, et c'est même la deuxième cause de décès chez les 15-29 ans à l'échelle mondiale[36]. Ces constats glaçants interpellent d'autant plus que la bienveillance, plus que jamais, est prônée dans les discours que l'on doit tenir aux jeunes. Comment expliquer qu'entre les mots et le geste il y ait encore de la place pour un drame en devenir ?

À l'inverse de certains pays, tels la Corée et le Japon, la pression scolaire en France n'est pas forte au point que la majorité des jeunes se sentent pressurés et à bout de souffle. La crainte d'obtenir des résultats insuffisants a, hélas, pu peser dans la balance pour certains élèves mais l'essentiel du problème semble provenir d'ailleurs. L'isolement et/ou le harcèlement entre pairs restent ainsi davantage problématiques puisque porteurs d'un véritable mal-être qui peut conduire au pire. En moyenne, la France connaît chaque année entre 300 et 400 suicides de jeunes de moins de 18 ans[37]. Si les tentatives de suicide sont majoritairement féminines, davantage d'hommes meurent par suicide, car ils emploient généralement des moyens plus radicaux pour s'ôter la vie.

Depuis 2020, année de confinement lié au Covid-19, la santé mentale des jeunes Français s'est particulièrement détériorée. Les pensées suicidaires ont été multipliées par plus de deux en dix ans chez les 18-24 ans (passant de 3,3 % en 2014 à 7,2 % en 2021[38]). Comment l'institution scolaire agit-elle pour promouvoir la santé mentale ? Elle enquête, elle met en place des protocoles[39]… mais tout reste sur le papier ! À sa décharge, même les prophètes et les voyants au long cours n'ont pas vu venir le Covid, mais de l'eau a coulé sous les ponts depuis !

L'aparté Covid

Personne ne s'attendait à vivre ce croisement entre un revival de la grande peste et le scénario du film *Contagion*. Personne, et pourtant tout le monde a eu le nez dedans ! Pendant ces mois de confinement improvisé (aux règles pas toujours bien définies), l'école a tenté – bon gré mal gré – de fonctionner. Et force est de constater que l'Institution a résisté ! Certes, tout ne s'est pas déroulé sans heurt, mais l'école numérique a, pour une fois, tenu certaines de ses promesses. En contrepartie, notre génération devra payer la facture. Les frontières se sont déplacées et il n'est pas certain qu'elles reviennent spontanément à leur ancien tracé. Quelque chose de l'ordre de l'innocence s'est brisé, les enfants ont déjà vécu l'apocalypse. Une « pas-aussi-grave-que-prévu » mais une apocalypse quand même. Cela pèse lourd sur de jeunes esprits. La débandade fut patente et, des années après, l'onde de choc se fait toujours ressentir. Nous sommes entrés de plain-pied dans l'ère de la tranquille indifférence. Plus rien ne compte vraiment. Les notes sont relatives, les amitiés sont relatives, le futur est relatif. Avant, c'étaient les adolescents blasés – tout de noir vêtus – qui réfléchissaient à de si sombres perspectives, maintenant chaque élève de sixième semble intimement persuadé que la déception l'attend au tournant et que la vie se montre bien vaine.

Sans être catastrophique, le bilan du confinement est tout de même légèrement préoccupant : 6 à 10 % des élèves n'ont eu aucun contact avec leurs enseignants pendant les mois de réclusion. Autrement dit, 970 000 élèves ont fini par décrocher et abandonner l'idée de faire l'école à la maison par écrans interposés[40]. Nous ne sommes pas dans *La Roue de la fortune*, mais le million est presque atteint. Les plus impactées ont encore été les classes charnières. Difficile, en effet, d'avoir vécu un confinement en CP ou en sixième !

Pourtant, force est de constater que le système scolaire gaulois a, dans l'ensemble, plutôt bien résisté par rapport à d'autres pays qui en sont sortis davantage éreintés. Au total, le Covid aura perturbé la scolarité de près de 1,6 milliard d'enfants et, pour 168 millions d'entre eux, les établissements scolaires auront baissé rideau l'équivalent d'une année entière[41]. Cette interruption a sonné quelquefois le coup d'arrêt définitif de toute forme de scolarité – notamment parmi les populations les plus fragiles. Nombreux sont ceux à n'avoir jamais repris le chemin des classes. L'amélioration du système éducatif au sein des pays émergents reste précaire.

Pour revenir vers des contrées qui nous sont plus proches, je tiens à préciser que le retour des sixièmes après deux mois et demi d'école à domicile a été loin d'être triste. Vous les quittez encore élèves, vous les reprenez déjà sauvages.

Dans beaucoup de cas, il a fallu leur réapprendre des comportements qu'on croyait définitivement acquis. Beaucoup refusaient de s'asseoir sur leur siège, réclamant à toute force de rester vautrés sur le sol pour faire « comme à la maison ». D'autres sont venus en cours en pyjama sans plus se soucier de ce qui se fait ou ne se fait pas en public. Quand ce ne sont pas les parents qui débarquent en peignoir !

Je passe ici sur l'usage approximatif des masques, le gel hydroalcoolique distribué à foison à l'entrée des classes, l'impossible distanciation sociale au sein d'un espace clos et sans aération (si ce point vous semble obscur, n'hésitez pas à vous reporter au passage sur les fenêtres), etc. Il faudrait un livre à part entière si l'on souhaitait aborder les infinies nuances de cette période. D'ailleurs, en parlant de papier, de comptes rendus et d'écriture en tout genre, l'école a ses spécialistes.

Les masterclass de la paperasse

Côté face : les boss de proximité

Le **professeur principal** est à l'école ce que la courroie de distribution est à la voiture : modeste mais indispensable. C'est bien souvent lui le référent entre la famille d'une part et le reste de l'équipe pédagogique d'autre part.

Mais alors pourquoi, chaque année, les établissements ont-ils tant de mal à les recruter ? Peut-être que l'aumône accordée pour une telle charge (moins de 80 euros par mois en sus du salaire) y est pour beaucoup dans ce désamour. À chaque rentrée, les à-côtés deviennent de plus en plus lourds administrativement parlant et le professeur principal entame sa mue en une créature mi-assistante sociale, mi-gestionnaire de crise. La reconnaissance en moins et le statut de laquais en plus.

En troisième, c'est (encore) lui qui devra proposer une orientation adaptée aux compétences et aux aspirations des élèves, tout en affrontant l'ire non dissimulée de familles mécontentes des suggestions qui leur sont faites.

Il est également en première ligne en cas de décrochage scolaire d'un élève. C'est alors à lui de décider de la mise en place de mesures préventives afin de régler le problème, avant que celui-ci ne s'aggrave et ne dégénère. Et peu importe si les tâches administratives et pédagogiques ont tendance à réduire le temps consacré à la préparation des cours. Difficile d'être à jour quand l'État se déleste sans vergogne de ses responsabilités. Au carrefour du social et du médical, vous êtes l'indispensable pivot.

Sans compter le fait que vos collègues vous confondent avec un vivant cahier de doléances et viennent continuellement se plaindre dès qu'un élève de « votre » classe a tenté de semer le chaos dans leurs cours. Et alors ? Est-ce le rôle du professeur principal que d'assumer tout à la fois les fonctions de parent, garde-chiourme, infirmier, psychologue et médiateur ?

Après cela, pas étonnant que les volontaires se fassent de moins en moins nombreux chaque année. Qui souhaiterait accepter une telle charge quand ni la rémunération ni la gratitude n'ont cours ? Heureusement, et pour seul lot de consolation, les enfants se montrent souvent moins ingrats et un lien de proximité renforcée peut se créer entre vous et « votre » classe. Avec parfois de menus cadeaux à la clé. Parce qu'il n'y a pas de petits profits.

Descendons d'une marche vers les abysses. Le rôle du secrétariat au sein d'un établissement scolaire, souvent méconnu, est pourtant crucial. L'une de ses principales fonctions est la gestion des dossiers administratifs. Et laissez-moi vous dire que le travail est non seulement considérable, mais aussi labyrinthique. Les **secrétaires** doivent gérer les inscriptions et les transferts d'élèves, l'édition des bulletins scolaires et le classement des dossiers médicaux, le suivi financier des professeurs, tout comme la communication directe avec les services du rectorat… Bref, on ne dit jamais assez à quel point un secrétariat efficace et bienveillant aide considérablement le pauvre professeur à se repérer au sein de cette confusion étatique.

Quant aux **intendants scolaires**, ils sont à l'honnêteté ce que l'ombre est à la lumière. Chargés de plusieurs missions aux frontières parfois un peu floues, de nombreuses rumeurs circulent à leur encontre (et parfois aussi des décisions de justice !). En charge de la gestion budgétaire de leur établissement, ce sont également eux qui ont la prérogative de lancer des appels d'offres aussi bien en ce qui concerne le remplacement d'une chaudière que l'achat de nouveaux tableaux numériques interactifs. En principe, ils veillent à ce que les fonds soient utilisés de manière efficace et transparente. En principe.

Responsables de l'entretien des bâtiments ainsi que de l'approvisionnement en fournitures scolaires, ils sont aussi ceux auprès de qui vous devez mendier un nouveau marqueur quand les vôtres ont rendu l'âme. C'est qu'un marqueur coûte cher et se mérite !

— Vous êtes sûre qu'il ne fonctionne plus ? Bigre, je suis tombée sur un coriace !

— J'en suis certaine.

— Montrez-moi ça !

Je lui tends le marqueur, l'individu le renifle, souffle un peu sur la pointe et applique cette dernière sur un coin de feuille. Rien ne se passe. Il retente la manœuvre.

— C'est bon pour cette fois, vous pouvez en prendre un autre. Mais essayez tout de même de les économiser !

— Promis, je penserai à moins écrire. Voire à ne plus écrire du tout. Après tout, pour ce que les enfants retiennent, on peut bien faire un petit effort et économiser l'argent de l'État !

Mais ce sont également eux qui ont pour mission de relancer les impayés. Je me souviens du style tout particulier d'une intendante qui entrait dans votre salle de classe en défonçant la porte à coups de pied avant de hurler sur des sixièmes visiblement terrorisés.

— Toi, là, pourquoi tes parents ne paient pas ? Ils pensent que la cantine, c'est gratuit ? Que c'est un dû et qu'on va laisser faire ?

Ces entrées tonitruantes me laissaient à chaque fois un petit goût de perplexité quant au bien-fondé d'une telle démarche. Espérait-elle que la honte ressentie par l'enfant rejaillisse sur les parents ?

Puisque nous parlons de cantine, un autre intendant arrondissait ses fins de mois en louant, de temps à autre, le réfectoire pour accueillir mariages, enterrements de vie de jeune fille et tutti quanti ! Il s'est fait pincer parce qu'un jour, faisant partie intégrante de la fête, il avait oublié de nettoyer la salle. Ballons et confettis égayaient encore les lieux le lundi matin. Au fond, l'établissement aurait pu les laisser, ils ne faisaient de mal à personne et offraient une petite touche de gaîté.

À tout seigneur tout honneur, finissons par le **proviseur**, qui s'occupe de la gestion et du bon fonctionnement des lycées, tandis que son homologue au collège porte le nom de **principal**. Leur travail a ceci de délicat qu'ils doivent, comme le CPE, concilier des intérêts souvent contradictoires, voire totalement incompatibles. Mais, à la différence des CPE, cela ne se passe pas entre élèves, mais entre personnels. Une majorité des proviseurs estiment même que tempérer les conflits au sein de la communauté éducative demeure leur première mission. Difficile de satisfaire aux demandes de chacun, difficile aussi de n'être jamais impartial ! Outre régler les conflits, il faut également superviser l'organisation pédagogique, gérer les problèmes de discipline et s'occuper des ressources humaines et financières. En moyenne, un principal dirige une petite soixantaine de personnes (enseignants et autres membres du personnel compris) ; pour un proviseur c'est davantage, cela peut dépasser la centaine en fonction de la taille de l'établissement.

Tâchons de dresser le portrait type de ce membre capital. En premier lieu, 70 % d'entre eux sont âgés de plus de 45 ans (ce qui, si cela n'en fait pas des vieillards, prouve tout de même une certaine expérience) et 54 % des principaux sont en fait… des principales[42] ! Un profil à la Mamie Nova, diront les mauvaises langues. La sagesse incarnée, pour les plus optimistes. Cela dit, cette semi-victoire féministe est à relativiser quand on sait que l'Éducation nationale compte près de 70 % de femmes… Tout bien considéré, les hommes restent encore les chefs. Nous ne sortirons décidément jamais de la préhistoire. Comme les oiseaux migrateurs, leur envol n'a pas lieu chaque été, mais tous les six ou sept ans. C'est que leur fonction les oblige à parcourir terres et outre-mers.

Par ailleurs, pour donner suite aux idées fixes de notre ministère, une grosse part de leurs objectifs consiste à veiller à la numérisation de leur établissement. Cela malgré des budgets limités et des ressources financières qui servent souvent à combler de fâcheux imprévus.

Et pour les plus sensibles des lecteurs qui s'inquiéteraient de les voir mener à bien leur mission, sachez que le proviseur est flanqué d'un adjoint. Loin d'être toujours complémentaire, leur couple peut parfois se révéler des plus… explosifs ! Il n'est jamais facile d'être un Janus : l'un regarde devant quand l'autre regarde derrière, et c'est le corps en son intégralité qui chute.

Côté pile : les boss du rectorat

Les **rectorats** sont de grands potentats administratifs qui coordonnent et supervisent tous les établissements scolaires de chaque académie, de la maternelle à l'université. Leur but premier est de tout mettre en œuvre pour offrir une politique éducative cohérente au niveau national.

Responsables du recrutement, de la formation ainsi que de la délicate gestion du personnel, 1,5 million de professeurs et autres employés de l'Éducation nationale dépendent d'eux. C'est que la bête lointaine est en fait infiniment près, plus près même que vous ne pourriez initialement le penser. Plurielle et protéiforme, elle est partout. Elle participe à la conception des programmes, évalue les performances des établissements et juge le travail des enseignants par le biais des fameux inspecteurs scolaires.

Mais, derrière la façade respectable, comme dans toute administration de nombreuses dérives ont cours. Il n'est pas besoin de rappeler le scandale des trop fameuses lettres envoyées par le rectorat de Versailles aux parents qui avaient eu la malencontreuse idée de signaler des cas de harcèlement[43]. Même le ministre de l'époque avait dû s'en offusquer publiquement, promettre « transparence » et autre « électrochoc » administratif pour que ces pratiques cessent[44] !

Autre pierre d'achoppement, commune à toutes les grosses machines : l'excès de bureaucratie ralentit la prise de décision et déshumanise l'homme au profit d'un système aussi implacable que bête. Surtout quand l'on sait que l'attribution des postes haut placés est souvent un cadeau politique qu'on offre à ses fidèles. On nomme untel ou unetelle recteur ou rectrice, parce qu'il ou elle a un jour été camarade de promotion. Peu importe que la personne en question n'ait jamais travaillé dans le monde de l'éducation. Après tout, est-ce bien réellement utile ? Le paquebot est conduit par un amateur qui ne connaît même pas l'odeur de l'air iodé. Comment s'étonner que face aux écueils le navire s'en aille bêtement frapper les rochers ?

On pourrait croire que les **inspecteurs scolaires** sont en mesure de prendre le relais du capitaine, puisqu'ils sont chargés de veiller à la bonne tenue des établissements (notamment en matière de sécurité) et se doivent d'évaluer les compétences pédagogiques des enseignants, en s'assurant notamment qu'ils respectent bien les normes éducatives[45]. Mais la France en compte seulement 3 500 environ[46]. Même si, parmi les multiples tâches qui leur sont dévolues, ils consacrent presque un tiers de leur temps aux 900 000 enseignants, la besogne est digne de Sisyphe. Pourtant, les visites d'inspection auraient un impact significatif, en particulier sur la motivation des enseignants et l'enthousiasme des élèves qui augmenteraient à l'annonce de leur seule venue[47] ! Qu'il me soit permis de modestement en douter. Tout comme je conserverai un silence respectueux sur leur rôle dans une éventuelle prévention du décrochage scolaire. Eh quoi ! on nous vante que leur simple apparition dans un établissement suffirait à réduire le taux d'absentéisme. Mais par quel miracle ? Je suppose que mes collègues (ainsi que les élèves) partageront ici ma perplexité. En quoi un individu – plus ou moins bien – planqué une heure au fond de la classe pourrait-il bien rabibocher l'élève décrocheur avec l'environnement scolaire ? Il y a de ces mystères impénétrables...

Mais revenons sur le cœur de leur métier qui consiste, tout de même, dans l'évaluation précise et minutieuse du travail des enseignants afin de s'assurer que leurs séquences suivent scrupuleusement les programmes préconisés. L'objectif est ambitieux, la réalité l'est moins. La chose se déroulant ainsi : ils ouvrent mollement un classeur, soupirent devant, le referment, lèvent un sourcil sceptique et prennent des notes afin d'avoir de la matière lors de l'entretien (d'environ une heure) qui suivra en fin de séance.

Je ne me permettrai pas de dire que tous sont mauvais, et assurément leur présence est parfois nécessaire, mais que peut-on juger des performances réelles d'un professeur sur une heure de cours quand l'année scolaire en comptabilise plus de sept cents ? L'inspection devient un exercice souvent abêtissant et infantilisant provoquant, dans les cas les plus extrêmes, un simulacre de syndromes post-traumatiques, tant les remarques acerbes et déconnectées de la réalité pleuvent sur le pauvre évalué. Un peu de modestie sied toujours, ces augustes censeurs l'oublient.

Je me rappelle un entretien lunaire où une inspectrice (comme le dirait un entomologiste, les femelles font aussi partie de la profession) m'avait questionnée sur l'absence des « fameuses maquettes » au sein des classeurs d'élèves.

— Les maquettes ?

— Oui, c'est inscrit, ici si je ne me trompe, qu'un projet de maquette servant à la représentation de l'espace scénique était prévu et, pourtant, je ne vois rien dans le classeur…

— Mais…

— Vous écririez des choses que vous ne faites pas ?

— C'est qu'une maquette est en trois dimensions, madame, elle ne tient pas au sein d'un classeur !

En 2021, le ministère de l'Éducation nationale a investi des millions dans la formation des inspecteurs pour renforcer leurs compétences[48]. Pour une fois, au vu de cet échange, le chiffre annoncé me semble bien faible.

La petite anecdote en plus

Alors qu'un collègue subissait une inspection et expliquait la rivalité entre les États-Unis et l'ancienne URSS, un élève de troisième – visiblement inspiré – hurla : « **Gagarine** mon cul ! » L'histoire ne dit pas si l'inspecteur académique partagea, ou non, cet avis.

IV
Annotations, notation et exaspération

Alors que l'Institution aurait bien voulu garder les notes pour les enseignants et les supprimer pour les élèves grâce au livret de compétences, ce sont finalement les profs qui n'ont plus de notes depuis 2017 et les élèves qui ne sont sélectionnés que par leurs notes dans Parcoursup ! Ironie du sort. Ainsi, le professorat est-il un métier relativement comptable. Si l'on s'est dirigé vers l'enseignement afin de fuir tout ce qui se rapprochait des métiers de l'intendance, autant dire que le choix n'est pas des plus judicieux ! Il faut non seulement passer une grande partie de son temps à produire de l'évaluation notée – on ne saurait faire une moyenne significative sur deux notes, encore moins sur une ! –, mais encore rédiger comptes rendus de réunions, ordres et contre-ordres, questionnaires divers et se soumettre à moult obligations superfétatoires. Ces aspects administratifs empiètent de plus en plus sur le cœur du travail : à pas forcés, l'enseignement se bureaucratise. Le professeur, à devenir multitâche, ne devient pas meilleur pour autant. Il s'use simplement plus vite.

Y a que les chiffres qui comptent !

Si le professeur ne subit plus la pression de la note pour lui-même (finie, la carrière au mérite, bienvenue à l'ancienneté pour tous !), il subit celle des élèves, pour qui la note reste le nerf de la guerre et n'est jamais suffisamment élevée ! Un 15 ne les satisfait plus, c'est la boule au ventre que le professeur tend une copie marquée d'un 16. Il sait que l'heure des grandes négociations va bientôt débuter !

Cette génération a tout du vendeur en assurances ou du camelot qui, sa serviette à la main, se déplace de porte à porte. Tout se **négocie**, tout se tente, du verbiage le plus spécieux aux tentatives les plus éhontées. Une chose ne saurait rester comme elle l'est, c'est une question d'honneur à défaut de principe. Le marchandage dans la peau ! Une note ne vous satisfait pas, cessez de caresser l'espoir de vous améliorer la prochaine fois, la prochaine fois c'est encore bien loin et la frustration peut facilement trouver un accommodement immédiat. Avec, de surcroît, l'orgueilleuse impression d'avoir dupé le système et envoyé aux clous la décence. Place à la négociation, de tout et en tout temps ! On crie, on menace, on implore, on supplie ! Qu'importe tant que la note bouge et que le 8 se transforme en 9, le 9 en 10, le 10 en 11, en 12, en 13, en 14 même !

— Ce n'est pas ma faute, ma grand-mère est encore morte.

— C'est injuste, une mouche n'a pas cessé de me déconcentrer !

Pires que des boutiquiers, aucune promesse ou aucun mensonge ne sont trop beaux. On vous offre la paix, l'amour, la félicité dans l'optique que vous n'acceptiez qu'une chose : céder et donner à l'élève ce qu'il ne mérite pas.

Et pour peu que vous fassiez preuve de résistance et ne cédiez pas un seul pouce de terrain, vous allez au-devant de sérieuses complications. L'enfant est un être retors qui manie l'art du **caprice** avec la dextérité du prestidigitateur ou de l'arracheur de dents !

Je me rappelle un élève qui, mécontent de sa note, s'est soudainement mis à dépoussiérer le sol en se traînant par terre et en s'engageant dans moult et moult contorsions qui auraient rendu vert de jalousie n'importe quel acrobate du Cirque du Soleil... Voyant que la sauce ne prenait décidément pas, il a espéré attirer l'attention en grimpant à même les rideaux. Le malheureux ! C'était oublier que l'école n'est pas une matrone prospère et que les tringles en place le sont depuis plus d'un demi-siècle. Alors, forcément, les voilages ont chuté et l'élève avec. Nul accident à déplorer cependant, puisque à peine avait-il réalisé que la loi de la gravité avait repris ses droits sur lui, l'élève a cligné des yeux une ou deux fois, puis recommencé sa longue litanie autour de l'injustice.

La note finit souvent par ne plus rien dire, tant les chiffres ont du mal à toucher du doigt la réalité du parcours d'un élève. Mais pour les élèves et leurs parents, la **moyenne** est le seul indice de réussite. Peu importe ce qu'elle recouvre tant qu'elle est supérieure à 10 sur

20, peu nombreux sont ceux qui analysent les dessous du précieux sésame. Et que vaut une moyenne de 11 quand celle-ci s'obtient grâce aux matières « exotiques » et que, sans elles, elle dégringole à 8 ? Que juge-t-on réellement ? Les aptitudes scolaires d'un enfant ? Ses connaissances « de base » ? Sa courbe d'évolution ? Autre chose encore ? Et que dire de la valeur d'une moyenne obtenue dans tel établissement par rapport à tel autre ? Est-elle similaire, est-elle fondamentalement différente ? Comment juger sans a priori mais sans, non plus, trop de naïveté ?

C'est cette confusion qui provoque d'ailleurs embouteillage et chaos dans les méandres de Parcoursup. Comment sélectionner des candidats quand ni les hommes ni les logiciels ne savent la valeur à accorder à des chiffres tout à la fois similaires et dissemblables ? Que faire ? Dans le doute et la peine, le système collapse. Black-out. Baissez les rideaux et éteignez la lumière !

On pense pouvoir limiter les dégâts grâce au **coefficient**. Mais c'est une véritable plaie, un objet d'injustice qui détermine l'utile de l'inutile. Entité vaguement floue et souvent indistincte au primaire et au collège, il acquiert une importance démesurée au lycée. Comment rivaliser avec des matières dotées d'un coefficient 16 ? C'est d'ailleurs à ce moment précis que le lycéen réalise que, dans la vie, certaines choses ont plus de valeur que d'autres et qu'il est de bon ton de courtiser les puissants plutôt que les humbles.

On prend les mêmes et on recommence

Plus personne ne se pose la question du pourquoi de la trimestrialisation de l'année scolaire. Or, le découpage par **trimestres** reste, de facto, un héritage de l'Ancien Régime, quand l'éducation était aux mains des ordres religieux (pensons aux jansénistes ou aux jésuites[1]). Les établissements suivaient alors un schéma liturgique et les vacances accompagnaient les trois principales fêtes religieuses qu'étaient Noël, Pâques et la Pentecôte. L'année scolaire se divisait ainsi naturellement en trois parties. Si la Révolution française et la Troisième République se sont évertuées à gommer toute forme de signe religieux à l'école, le trimestre est resté une pieuse relique – aussi étonnant que cela puisse paraître –, dissimulée au sein d'une école qui se veut, et se croit, intrinsèquement laïque. Comme quoi le diable se cache dans les détails !

Et ne croyez pas non plus que tous les rituels ont disparu ! Nous avons aussi droit à notre dérivé de la messe à la fin de chaque trimestre : le **conseil de classe.** Cette instance est souvent une course à la popularité pour le professeur principal : combien de collègues vont daigner venir à « son » conseil ? Question d'autant plus angoissante que les conseils se superposent les uns aux autres et que les collègues en question doivent choisir entre la 5ᵉA ou la 3ᵉD. Pour forcer la main aux indécis, certains sont prêts à tous les compromis et à toutes les bassesses. Ils promettent d'être succincts et d'expédier l'affaire en moins d'une heure. Si l'interlocuteur demeure sceptique, la panique les conduit à le soudoyer à renfort de gâteaux et autres friandises. Personnellement, cela suffit à m'acheter et à me faire tourner casaque devant mes précédents engagements. Qu'on se le dise !

Alors que se passe-t-il lors d'un conseil de classe ? Dans une ambiance a priori conviviale, on y croise des collègues qu'on ne voit jamais, on échange quelques mots avec les parents délégués. D'ailleurs, sachez que les élèves dont les parents s'impliquent dans leur scolarité ont un taux de réussite supérieur aux autres. Vous savez désormais ce qu'il vous reste à faire[2] ! En plus, le conseil de classe est l'occasion rêvée pour les parents de donner leur avis, commenter, hocher la tête et « meumeumer » leur approbation ou désapprobation. Les plus dissipés plaisantent opportunément avec les élèves délégués (du moins ceux qui ne sont pas trop intimidés) ou en profitent pour anticiper leur liste de courses en toute discrétion. Côté profs, les plus schizophréniques (qui hésitent entre sérieux et insolence) corrigent leurs copies.

Mais toute cette petite assemblée peut aussi tourner aigre. Il suffit qu'un collègue ne pardonne guère à un autre d'avoir défendu un élève qui l'insupporte. Dit comme cela, la chose peut sembler mesquine, mais il faut bien admettre qu'en tout il y a l'art et la manière. De terribles inimitiés sortent alors de terre sans crier gare. Et fichtre ! Sans être vindicatifs, il faut bien reconnaître que certains sont agaçants ! Alors que l'unanimité règne, il faut qu'un (ou une) pousse les hauts cris et s'étonne :

— Elle ?! comme c'est étrange ! Elle est tellement adorable dans mes classes.

J'ai cru parfois assister à un jeté de gant et je me suis toujours demandé ce qu'il adviendrait si les cannes épées revenaient à la mode.

L'enjeu est pourtant limité : au pire, il ne s'agit que d'une formulation sur un **bulletin scolaire** ! Mais qu'à cela ne tienne… l'aura sacrée du bulletin est indéboulonnable et sa dématérialisation ne semble rien y changer. Il est vrai qu'en peu de mots l'essentiel des progrès est balayé, tout en listant les éventuels points à améliorer. Certes, les appréciations prennent souvent la forme d'une litanie, d'une louange ou d'une ordalie selon l'élève en question, mais elles restent relativement courtes (elles doivent tenir dans la case !). Certains collègues ne sont d'ailleurs pas dérangés par l'aspect lapidaire de l'affaire. Au contraire… Mais montrons-nous honnêtes, si certaines matières (mathématiques ou français) disposent, tout au plus, de cinq classes, soit environ 150 appréciations à rédiger chaque trimestre, d'autres enseignements en couvrent une vingtaine et avoisinent les 650 cases à remplir, à renouveler tous les trois mois ! La personnalisation et les effets de style deviennent moins évidents.

Les directives ministérielles nous enjoignent par ailleurs de faire en sorte que les appréciations soient positives, simples, lisibles, valorisantes, encourageantes et compréhensibles par les familles[3]. En toute franchise, c'est le cas la plupart du temps et rares sont les petites phrases assassines. L'objectif n'est jamais de « descendre » un élève pour le seul plaisir de l'épigramme ou de lui étaler le pif dans la médiocrité de ses résultats, mais bien de l'encourager à poursuivre ses efforts ou, au contraire, lui proposer des axes de réflexion si certaines lacunes sont encore à l'œuvre. Car qu'on se le dise une fois pour toutes : loin d'être le parachèvement d'un trimestre, le bulletin est surtout un outil de travail. Les professeurs s'en servent afin d'adapter leur enseignement et tenter d'offrir un soutien supplémentaire aux élèves en difficulté. C'est face à un constat d'échec renouvelé dans toutes les matières que l'équipe enseignante peut, par exemple, proposer un plan d'accompagnement personnalisé à l'élève qui connaît de véritables difficultés.

La rédaction des bulletins n'est qu'une première étape, il faut ensuite gérer leur réception par les familles. Malgré la bienveillance qui prévaut, des réclamations (malheureusement nombreuses) découlent de l'attribution, ou non, d'une mention, chaque élève briguant les « félicitations » ou les compensatoires « encouragements ». Le professeur démuni assiste parfois à une marmelade de pathos, digne des plus purs mélodrames. Les élèves ne comprennent pas pourquoi, à moyenne équivalente, certains bénéficient d'une récompense alors que d'autres ressortent les mains vides. C'est que celle-ci est décernée en fonction d'une palette de critères qui vont de l'attendu aux décisions les plus… cryptiques ! S'il est pratiquement sûr qu'on n'accordera jamais les félicitations à un élève qui, malgré ses excellents résultats, se montre pénible et/ou insolent en classe (encore moins si, derrière cette apparente respectabilité, se dissimule un être retors qui prend plaisir à molester ses petits camarades), la délivrance d'une mention reste soumise à une certaine dose d'aléatoire qui peut sembler injuste et qui, de facto, l'est parfois. Ici, l'humain entre en jeu, et avec lui son cortège de bizarreries et parfois, il faut bien l'avouer, de mesquineries. Pourquoi untel en est-il privé ? Peut-être qu'il aura, tout simplement, eu la mauvaise idée d'indisposer la veille un professeur et que l'« offense », encore trop fraîche à la mémoire de ce dernier, l'aura empêché de concéder ledit graal. Il faut normalement au moins deux voix discordantes pour en bloquer l'attribution, mais certains ont la voix qui porte plus que d'autres, et personne n'aime les ennuis.

Puisque nous en sommes là, brisons un vain secret de polichinelle. Bien sûr que les professeurs ont un **chouchou**… et même souvent plusieurs ! Un robot en aurait dans les mêmes circonstances, tant certains élèves émeuvent par leur gentillesse, touchent par leurs efforts ou leurs progrès. Non, le chouchou n'est pas toujours ce brillant élève qui accumule les bonnes notes – attention, il peut l'être, mais ce n'est guère un impératif –, c'est aussi celui qui est nul dans votre matière, mais attachant en diable. Alors oui, il peut arriver l'étrange fantaisie d'avoir des cancres pour chouchous, nous ne sommes pas à un paradoxe près ! Certes, l'Éducation nationale désapprouve formellement toute forme de tacite et discrète préférence. C'est qu'il faudrait distribuer ses sourires au compte-gouttes et d'une manière strictement équitable ! De la retenue et de la mesure en tout. Même dans le plus anodin. Surtout dans le plus anodin !

À l'autre pôle des gratifications, les malus de mises en garde sanctionnent les mauvais comportements et le travail insatisfaisant. Je n'ai pas le sentiment qu'une fois passée la légère déception, un élève se remette beaucoup en question après de tels avertissements. Si dans le privé reste la menace du non-renouvellement, dans le public la chose est au moins aussi efficace que de pisser dans un violon.

Si je me remémore mes propres bulletins, il faut bien admettre que les nombreuses (et désagréables) remarques sur mes constants bavardages n'ont jamais diminué ma furieuse envie de bavasser. J'acceptais le châtiment par avance et m'en lavais les mains.

50 nuances de souffrance

En parlant de punition, bienvenue au cœur de l'horreur, pour petits et grands : le travail quantifiable et quantifié. Soyez assuré d'une chose, là où l'élève peine, il y a derrière un professeur dans le tourment.

À elles seules, les **copies** sont synonymes de la profession. Rarement isolées, elles vivent en meute et s'infiltrent, omniprésentes, dans votre intérieur, envahissant bureaux, tables basses et autres meubles. Très rapidement, elles forment de dangereux et fragiles édifices, s'étalent en flot ininterrompu sur la vétusté d'un parquet ou l'assise d'un canapé. Leur nombre varie grandement en fonction de la matière et du professeur, mais il est toujours possible de s'adonner à un rapide petit calcul. En partant sur une base de six contrôles trimestriels par matière au collège, le nombre de copies s'élèvera à 180 pour une classe de 30 élèves. On multiplie par le nombre de classes par professeur, en moyenne 6, et on obtient un minimum de 1 080 copies à corriger par trimestre ! Sachez qu'un arbre moyen peut « produire » jusqu'à 8 400 feuilles[4] (en format A4). Sans le savoir, les élèves se montrent presque aussi voraces en bois que les castors !

Côté prof, il faudra compter de cinq à dix **stylos rouges** pour annoter ces rames de papier. Certes, des études soucieuses du bien-être des élèves proposeraient l'utilisation d'une couleur moins négativement connotée que le rouge pour les corrections, telle que le vert, le bleu ou encore l'indigo[5]. Il ne faudrait pas oublier que l'écarlate reste l'enseigne du drapeau communiste, des amanites tue-mouches et de l'hémoglobine. Et surtout, surtout, pas de noir ! Il serait fâcheux de remplacer un vermillon anxiogène par un noir des plus funèbres. Ce serait tomber de Charybde en Scylla. De la bienveillance en toute chose !

Le contrôle sous toutes ses formes

Que n'entendons-nous pas autour du **devoir à la maison (DM)** ? Pratique démoniaque selon certains, sainte obligation pour d'autres, incontournable aux siècles précédents quand les deux mamelles de l'éducation étaient axées sur la mémorisation et la récitation. Mais maintenant que l'école prône d'autres valeurs, que reste-t-il des « devoirs » ? Rares sont les sujets à créer autant de scission ! D'un côté, ils servent à fixer les savoirs et aident l'élève à s'autonomiser ; de l'autre, ils renforcent les inégalités et sont source de stress. Concédons que les devoirs enquiquinent un peu tout le monde, de l'élève fatigué de sa journée au professeur qui devra les vérifier et les corriger, en passant par les parents qui doivent les coincer entre le retour du boulot, le repas du soir et autres corvées. Les élèves européens y consacreraient tout de même environ cinq heures par semaine[6]. Mais cette moyenne cache de grandes variations et il n'est pas rare qu'un lycéen déclare y passer une vingtaine d'heures hebdomadaires[7]. Les conditions matérielles constituent aussi un facteur de fluctuation importante. Les enfants issus de milieux défavorisés sont moins susceptibles de bénéficier d'un espace calme et d'un accès direct à un ordinateur. Quand il faut libérer la table de la cuisine pour dîner, difficile de prendre en otage la famille sous prétexte de finir un exercice de maths ! Mais est-ce pour autant qu'il faut jeter le bébé avec l'eau du bain ? Aujourd'hui critiqués, les devoirs permettent pourtant d'approfondir les leçons tout en apprenant à organiser et gérer son emploi du temps[8].

Il reste difficile d'envisager une école sans devoirs. Loin d'être une pratique archaïque, la chose me semble d'une affligeante et commune nécessité. Et pour ceux qui évoquent l'aspect contraint du dispositif, qui oserait prétendre que les enfants ne devraient jamais être soumis à aucune forme d'obligation scolaire que ce soit ? Nous ne parlons pas ici d'entasser des pierres sous les coups de fouet d'un contremaître retors, mais uniquement d'accorder une ou deux heures par jour à l'édification de leur futur. Bien que la présence de ces importuns « devoirs » soit parfois fâcheuse et qu'ils puissent contrarier l'organisation du week-end familial, il faut se rendre à l'évidence : sans eux, point de progrès[9].

Autre corvée indispensable : les **devoirs sur table (DST)**. C'est un terme étonnamment pompeux pour désigner ce qui n'est, ni plus ni moins, qu'une simple évaluation effectuée en classe. Le mot « contrôle » – encore largement usité – étant de plus en plus vilipendé, probablement pour sa connotation laissant peu de place à l'initiative et à la créativité, il semblait indispensable de le remplacer par un vocable plus aseptisé, dont le sigle s'avère aussi superfétatoire que faussement élaboré. Ça ne change rien pour l'élève, ça ne change rien pour le professeur, ça ne change rien pour les parents, à part le plaisir de prononcer à voix haute une formule quasi magique.

Pour autant, la magie s'arrête là, quand on voit les résultats des Français en orthographe ! En trente-cinq ans, le nombre d'erreurs dans la même **dictée** effectuée par des élèves de CM2 a quasiment doublé, et en un siècle plus que triplé[10]. Le diable, ici aussi, se cache dans les détails. À savoir que la part des élèves faisant plus de 25 fautes a quadruplé, quand celle des bons scripteurs a été divisée par six : moins de deux enfants sur cent sont capables d'écrire quelques lignes en faisant moins de deux fautes ! Autrement dit, les lacunes orthographiques se font de plus en plus massives et généralisées. Autre point inquiétant, la nature de ces erreurs est davantage grammaticale, ce qui laisse supposer un manque de rigueur ou de logique. Bref, il y a de quoi s'inquiéter pour l'avenir des jeunes générations en lecture et en mathématiques !

Malgré tout, la dictée est devenue un exercice hautement controversé : ne pas en faire est mal vu car il faut bien entraîner les élèves, en faire est mal vu car il ne faut pas les stigmatiser et les décourager. Dans les classes, ce dilemme se traduit par un exercice hybride de dictée « aménagée », afin de ne pas heurter la sensibilité des plus fragiles – je ne parle évidemment pas ici des élèves dotés d'un PAP (plan d'accompagnement personnalisé) ou d'un PPS (projet personnel de scolarisation) pour qui les adaptations font sens.

Je me souviens qu'en troisième notre professeure de français gratifiait la classe d'une dictée chaque vendredi. Et chaque vendredi j'obtenais une note comprise entre 0 et 5. J'étais visiblement une acharnée je-m'en-foutiste des accords, mais ce « déplaisant » rituel me fut bien utile à terme pour constater que certaines fautes étaient récurrentes et qu'il n'était, au fond, pas si ardu d'y remédier. La correction permettait de revoir des règles de conjugaison et de grammaire qu'on connaissait, mais qu'on n'appliquait pas.

Il en va de même pour les élèves d'aujourd'hui. Oui, ils « connaissent » souvent les règles ; oui, ce sont souvent des fautes d'inattention. Mais tout l'enjeu est justement là : leur prouver qu'ils savent, mais qu'ils n'appliquent pas.

Alors le constat peut sembler douloureux, mais c'est en partant d'une chose établie (aussi déplaisante soit-elle) qu'un enfant peut progresser. Quant à l'aspect « punitif » de la note, il est toujours possible de le moduler en mettant un faible coefficient ou en le contrebalançant par un devoir bonus.

Parce que le but de l'école n'est pas de satisfaire l'enfant à court terme, mais de faire en sorte qu'il soit plus tard un adulte autonome. Il est probablement moins pénible de se faire reprendre sur son orthographe ou sa grammaire à 14 ans par sa professeure de français qu'à 40 ans par son collègue ou son patron.

Partisan du moindre effort

S'il y a bien une chose que les élèves détestent encore plus que les travaux de rédaction, c'est de devoir lire une **œuvre intégrale**.

— C'est long ? Combien de pages ? C'est écrit gros ? Il existe en audio ou en film ? Un film récent, ça serait bien !

Ces questions, d'un enthousiasme non feint, sont les réactions immédiates qu'on entend en proposant la lecture d'une œuvre à une classe. Et ce, peu importent le niveau ou le profil de vos élèves : de la sixième à la terminale, des spécialités scientifiques aux options littéraires ! La curiosité première ne porte ni sur l'auteur ni sur l'histoire, mais sur l'épaisseur du livre.

Vous avez beau leur dire, leur répéter, leur assurer que l'œuvre est brève et – en signe de bonne foi – montrer l'exemplaire que vous avez apporté avec vous, ils ne vous croient toujours pas. Ils filent sur Internet vérifier la pagination dudit ouvrage, insistant lourdement sur le nombre exact.

— 124 pages... quand même ! C'est écrit gros ou petit ?

— La typo est de taille moyenne.

— Oui, mais taille moyenne grosse ou petite ?

— Tu m'agaces, tu verras bien en le commandant !

— Vous ne répondez pas à la question...

— ...

— C'est moyen petit, c'est ça ?

— ...

— On est bien d'accord qu'on ne lit pas la préface ni les dossiers ?

— ...

Jamais un élève ne m'a demandé pourquoi j'avais choisi ce livre plutôt qu'un autre. En revanche, beaucoup aiment à commenter l'aspect cartonné ou souple des couvertures.

Victor Hugo sera toujours évalué sur l'aspect strictement matériel de ses livres. On a beau évoquer le parcours torturé de l'homme, tenter de titiller l'intérêt des élèves en parlant des vices trop humains de l'auteur, il y aura toujours, in fine, cette question : « Combien de pages ? » Cette interrogation est si prégnante qu'à choisir, j'ai déjà vu des élèves préférer à un roman qui se lit facilement et vite un livre plus court, ardu et difficile qui leur prendra bien plus de temps à lire… c'est à en perdre son latin !

Les ders des ders

— Vous n'avez jamais fait de **latin** ? Qu'importe ! Vous apprendrez en même temps que les élèves !

Et me voici à enseigner la langue latine aux collégiens. Il n'y a pas à dire, le rectorat a l'esprit d'initiative… et la confiance facile ! Pour le collège, passe encore, mais lorsqu'on me nomme professeure de latin au lycée, je proteste catégoriquement. Un membre du rectorat m'appelle, d'accord pour enlever l'enseignement du latin au lycée, mais encore faut-il qu'en échange j'accepte d'enseigner le grec. Le refus est formel, c'est que nous finirions par nous fâcher !

Cet aparté tout personnel est néanmoins symptomatique de l'état assez désastreux de l'enseignement des lettres classiques. Depuis les années 2000, le recrutement a diminué si drastiquement que, dix ans plus tard, il n'y avait même plus assez de candidats pour les postes mis au concours. En une vingtaine d'années, les réformes successives ont fini par décourager les apprentis latinistes et hellénistes, qui ne sont plus que 15 % aujourd'hui à prendre l'option en cinquième, contre près de 23 % au début du siècle. Sur les 400 000 collégiens qui reçoivent cet enseignement, seuls 1 300 le conserveront au lycée et 400 le passeront au bac[11] ! C'est la longue lignée d'un savoir classique hérité des fonds immémoriaux qui s'effondre. Rimbaud savait versifier en latin à seulement 15 ans, il est désormais certain que ce genre de prouesse ne sera guère plus renouvelé.

V
L'autorité sans autoritarisme

Que ne lisons-nous et n'entendons-nous pas sur le prétendu manque d'**autorité** des enseignants ? Le professeur de français serait un couard, un pleutre, pire que cela, un mou ! Il naviguerait entre les écueils de la lâcheté et de la bassesse. À l'inverse, il suffit qu'un seul fasse montre du moindre signe d'autorité pour que, tout de suite, les parents se révoltent contre cet insensé individu osant demander silence ou réclamant une posture décente en classe. Dans ces conditions, difficile d'adopter la bonne attitude. Surtout que l'autorité est une chose non quantifiable et relative. Untel sera jugé trop sévère par l'un tandis qu'il sera aux limites du laxisme pour l'autre.

Par ailleurs, on entend souvent qu'il y aurait une bonne autorité à ne pas confondre avec la mauvaise : la bonne permettrait d'instaurer un climat de confiance tout en faisant respecter les codes essentiels du savoir-vivre et du savoir-être ; la mauvaise, l'excessive, briderait et restreindrait, sans réelle nécessité. Nous voilà bien avancés !

Mais laissez la parole aux élèves et vous verrez qu'ils ne se montrent guère tendres avec les profs « trop gentils » ! Ils leur reconnaissent une réelle envie de bien faire, mais, au fond, ne les respectent pas ; au mieux, ils en ont vaguement pitié : « Le pauvre, il me fait trop de peine ! » ricanent-ils sous cape d'un enseignant chahuté. Indéniablement, ils trouvent plus rassurant d'avoir un professeur autoritaire, même si cette caractéristique le fera basculer du côté des profs « relous ». Alors que faire ? Eh bien... pas grand-chose ! L'autorité c'est avant tout une question d'individualité, de gestion personnelle et de pratique. Personnellement, je n'ai jamais trouvé quiconque capable de me fournir une recette miracle, pas même les formateurs de l'Éducation nationale ! À chacun de faire au mieux, comme il le peut !

Tout de même, s'il y a bien un seul conseil à prodiguer, c'est d'éviter de passer pour le prof « injuste ». Car là, ça peut vraiment mal tourner ! Les enfants ont le sens de la **justice** bien accroché ! C'est peu dire que rien ne les agace davantage que le sentiment d'en être privés. Hélas, c'est ce même attachement vertueux qui donne parfois des envies de meurtre au professeur.

— Pourquoi moi ? Je vous dis que c'est lui qui a parlé ! C'est toujours moi, de toute façon ! Vous ne m'aimez pas ! (Le tout joué avec les trémolos et les œillades d'une tragédienne de la fin du XVIIIe siècle.)

Certes, cette quête passionnée de l'équité est en soi respectable, elle est la preuve d'une âme profondément encline à la vérité (et au juste respect de ses prérogatives !), mais la démarche est-elle toujours bien sincère ? La justice, oui… mais par le petit bout de la lorgnette ! Parce que si les lettres de doléances et autres placets plaintifs pleuvent sur le pauvre professeur, peu nombreux sont les élèves à se poser cette question : « Suis-je, moi aussi, toujours correct ? »

À cent décibels du bonheur

Le **niveau sonore** d'une classe se situe entre 50 et 80 décibels. Si vous avez du mal à vous représenter ce que signifient concrètement de tels chiffres, sachez qu'une route à fort trafic « ronronne » à 80 décibels, seuil considéré comme « à risque » pour l'audition. Dès 55 décibels, les effets du bruit deviennent gênants : fatigue, stress, troubles de l'humeur, troubles des apprentissages... Une classe bruyante se situe à 70 décibels, imaginez qu'on n'est donc pas loin de la mélodie d'un échangeur autoroutier[1] ! Et encore, nous n'évoquons ici qu'une moyenne, tant certaines classes donnent l'impression d'assister au lancement d'une fusée Ariane depuis le tarmac, l'exotisme de la Guyane en moins.

Heureusement, comme les montagnes, le bruit a ses sommets et il ne saurait se faire constant, c'est une vague qui fluctue. Les dix premières minutes après l'entrée en classe s'avèrent souvent éprouvantes : des chaises labourent le sol, des sacs valsent sur les tables, voire sur l'arrière du crâne d'un camarade qui se met aussitôt à crier, des rires sont plus ou moins étouffés, le sweat que l'on ôte chute malencontreusement, des classeurs claquent, parfois doublés d'un petit couinement quand le doigt se trouve au milieu, des trousses tombent... Bref, c'est une pagaille sans nom, la bérézina totale et complète, l'agonie du silence. Si le professeur œuvre efficacement, le calme revient tout doucement, d'abord timidement puis de plus en plus franchement. Et, avec lui, le sentiment d'une certaine plénitude.

Mais combien d'élèves ingrats ne peuvent s'empêcher de pouffer quand l'adulte, empli d'une saine exaspération, chuinte de longs et répétés « chuuuuuuut » ? Cet agaçant tic n'est qu'une piètre tentative de rétablir le moins hargneusement possible un ordre que l'on sent compromis. Il est vrai que le professeur y sacrifie toute dignité et finit par ressembler à une **Cocotte-Minute**, à force de « chut ». Mais, ô élève déplaisant, loin de te moquer, remercie ton enseignant qui – par le prix de la perte de sa noblesse – temporise avant l'heure de colle.

Si les « chut » répétés avec autant d'enthousiasme et de mélancolie qu'un chanteur d'opéra sur le déclin ne suffisent pas, l'erreur fatale se produit : on force sur la **voix**. Un enseignant sur deux connaît régulièrement un trouble de la voix, quand le pourcentage ne dépasse pas 1 % pour les professionnels non-enseignants[2] (chanteurs d'opéra ou de hard rock exclus). Cela en dit long sur notre capacité à (mal) jouer avec nos cordes vocales. Pourtant ces impalpables vibrations sont essentielles dans la transmission des savoirs. Sans voix, point de cours envisageable : le professeur se trouve rapidement aussi démuni qu'une tortue sans sa carapace.

La métaphore animalière s'arrête là, car le professeur n'ose plus comparer sa classe à un **zoo**, tant il craint de se retrouver avec les associations animalistes sur le dos ! Entre nous, une salle de classe n'est pas si éloignée du pépiement d'une volière. Voilà, c'est dit. Après tout, les aras sont de bien jolis oiseaux. Il n'y a pas que l'audition qui permette le rapprochement. Niveau olfactif, je vous confie, en toute humilité, que nous approchons de l'exhalaison des grands fauves. Après six ou sept heures de cours confinés dans une salle de classe, l'atmosphère transpire l'effroyable **odeur** de la peine, du labeur et des sweats imbibés de sueur… Champions de l'apnée

– ou pas, l'expérience est comparable à une plongée dans un aquarium empli de saumure. Face à votre mine stupéfaite, pour ne pas dire à la limite de la suffocation, les élèves – cheveux collés et visage rougeaud –, de vous dire que vous êtes décidément bien délicate et fragile :

— Ah, mes loustics ! C'est que vous sentez depuis le rez-de-chaussée quand votre classe est située au deuxième étage !

La ventilation est mauvaise, mais tout de même ! C'est à ce moment-là que la petite *girly*, qui pense bien faire, sort son déo senteur rose-cassis et asperge tout ce qui est à sa portée. Alors que vous êtes à deux doigts de la syncope, ses copines s'extasient sur la dernière fragrance à la mode…

Pas facile de trouver son style

Les fashionistas

— Tu n'es pas censé porter des **lunettes** ?

— Si.

— Tu ne les mets pas ?

— Non.

— Et pourquoi ça ?

— J'sais pas… J'aime pas, c'est tout… C'est moche, ça me fait une drôle de tête.

— Tu arrives à voir sans ?

— Pas vraiment.

— Mais tu ne les portes pas quand même ?

— Bah non !

— Tes parents sont au courant ?

— …

— …

— Wesh ! N'allez pas le dire à ma mère !

Étant moi-même fidèle détentrice de lunettes depuis l'école primaire, je prends chaque refus de les porter comme un affront personnel. Bien sûr que je vais le cafter à sa mère !

Relativement discret et passe-partout au collège, le **maquillage** prend des allures parfois spectaculaires au lycée : faux cils parasols, fond de teint mat ou luisant aux capacités couvrantes d'une peinture pour bagnoles, rouge à lèvres qui n'en a plus que le nom tant il explore la gamme chromatique… Quand certaines jeunes filles tentent un revival des Années folles, d'autres ne dépassent pas la technique du replâtrage d'urgence : plus il y en a, mieux c'est ! La subtilité n'est pas fashionable, le *less is more* ne passera pas par moi. Jamais sans mon Rimmel. En été, lorsque la chaleur bat son plein, on assiste à des coulures de toute beauté ! Une véritable éruption multicolore.

L'anecdote est arrivée à un collègue. En plein cours, il a capté dans son champ de vision une élève de terminale en train de s'enduire les ongles de **vernis**. Quand il l'a sommée non seulement d'arrêter mais aussi d'aller au tableau pour répondre à une question de physique, celle-ci, effarée, a secoué ses mains et glapi :

— Mais je ne peux pas ! Ce n'est pas encore sec !

Voilà qui se passe de commentaire.

Les adeptes du bistouri

Ces dernières années, on observe une augmentation de la **chirurgie esthétique** pour les plus jeunes, au point que les milléniaux supplantent les seniors dans la course au bistouri[3]. Pas qu'ils soient devenus beaucoup plus laids que ceux de jadis. Non, c'est simplement qu'ils s'aiment moins et rêvent de ressembler aux stars des fils d'actualité. Le botox à 15 ans, c'est tendance. En dix à vingt minutes, pour 300 euros, on rejoint le panthéon des blogueuses, youtubeuses et autres vedettes liftées et regonflées des émissions de téléréalité, qui affichent des corps toujours plus normés et travaillés.

Au top des interventions les plus couramment pratiquées chez les ados trônent la rhinoplastie et les augmentations mammaires[4]. Tous les jeunes n'y succombent pas et beaucoup semblent conscients de la bêtise d'une telle pratique, quand celle-ci ne se fonde que sur le seul caprice de vouloir ressembler à son filtre sur les réseaux sociaux. Néanmoins la tendance à la popularisation et à la dédramatisation des actes chirurgicaux banalise le fait de façonner son image réelle d'après son idéal virtuel ! Difficile d'avoir une bonne estime de soi au naturel quand s'affiche sous vos yeux cet océan de visages et de corps plastifiés, dont la beauté boostée ouvre les portes de la célébrité, du luxe et des admirateurs. Les Kardashian ont autant de followers que la population des États-Unis… si ça, ce n'est pas du succès ! Quand le recours à la chirurgie est autant décomplexé, forcément les risques paraissent de plus en plus lointains. Sachant que les jeunes ont déjà du mal à les jauger dans leur quotidien, c'est dire le bel avenir promis au bistouri.

Non, pas à la bouche !

En parlant de risques pour l'intégrité physique, c'est incroyable tout ce que ces jeunes peuvent ingurgiter… Je suis sûre que vous allez en apprendre de belles.

L'inattendu

La **colle** peut servir d'en-cas.

Les **feutres** se sniffent.

Les **pages** se déchirent, se transforment en boulettes pâteuses et finissent par être avalées.

Les **cordons** de sweat à capuche se mâchouillent invariablement.

Les petits bouts de **plastique** colorés se grignotent – certains croient même qu'ils ressortent sous forme de paillettes.

Le réservoir du **taille-crayon** sert de gourde improvisée. Peu importe que des rognures de crayon y traînent encore, elles donneront une consistance supplémentaire à la boisson.

Retour aux « classiques »

Je vous rassure, tous les élèves n'ont pas l'âme d'un Bocuse qui s'ignore et certains se contentent volontiers de picorer en cachette des produits marquetés trouvables en supermarché. Sauf que tout le monde n'a pas la même perception de ce qui est « discret » et de ce qui ne l'est pas. Combien de fois ai-je entendu une main farfouiller à l'intérieur d'un paquet de **chips** dissimulé dans un cartable laissé ouvert ? Le fautif, imperturbable, de vous regarder avec du sel au bord des lèvres et une joue à moitié déformée !

Les élèves les plus dégourdis (ou pour qui les notions d'hygiène les plus élémentaires comptent) savent qu'il est infiniment plus discret de gober un **bonbon** de temps à autre. À condition toutefois de bien penser à retirer l'emballage.

Quant au **chewing-gum**, sa popularité ne se dément pas ! Quand il n'est pas mâchonné par les élèves (ce qui est encore un moindre mal !), il tapisse la quasi-intégralité du bâti. On le trouve, non pas éparpillé par les aléas du hasard, mais étonnamment regroupé comme une mélasse dotée de raison qui tenterait de prendre insidieusement le contrôle de l'établissement. À l'intérieur de chaque classe, invisible à l'œil nu, il se cache et attend. Il faut observer le dessous des tables pour constater, d'un coup, l'exceptionnel amas d'une cinquantaine de boules (qui roses, qui vertes, qui blanchâtres) s'agglomérant les unes aux autres pour former une masse caoutchouteuse aussi volumineuse qu'un abcès.

Un jour, un élève m'a tirée par la manche, me demandant si cela m'intéressait de voir quelque chose de « vraiment important ». Assez peu motivée et franchement sceptique, j'ai fini par me laisser tenter. L'enfant en question m'a emmenée devant l'un des murs latéraux de la cantine, coin obscur et venteux assez peu fréquenté par les professeurs. Là, une surface élastique d'un rose grisonnant s'étalait sur 2 mètres de haut et 1 mètre de large. Face à ma surprise, l'élève m'a glissé :

— En fait, c'est un challenge qui court depuis des années, on se demande si on arrivera à entièrement le recouvrir.

— Mais pourquoi ?

— Personne ne sait vraiment, c'est juste un truc qu'on fait, quoi… Y a pas de raison.

Non vraiment, il n'y a pas de raison.

Le chewing-gum a une variante : le **chewing-gum turc**. Celui-ci se présente sous forme de petites plaquettes – que les Turcs ici me pardonnent – possédant la souplesse et la consistance d'un pneu. Et d'un pneu coriace ! Même les élèves en conviennent !

Et pour ceux qui préfèrent étancher une petite soif, direction la **brique** mi-jus de fruits mi-soda sans bulles, à l'emballage en aluminium du plus bel effet. On ne peut en contempler un exemplaire sans se demander quand (et où) ce fragile contenant va lâcher. Va-t-il se répandre dans un cartable et maculer chaque cahier d'un jus orangé et poisseux ? L'improbable breuvage est livré avec une frêle paille en papier qui doit suffire à percer le petit opercule. Si les enfants semblent relativement à l'aise avec le concept, je n'ai jamais su en boire un sans que la tentative se transforme en réplique miniature des flots du Déluge. La paille s'enfonce, se tord, s'émiette sous vos doigts impuissants et vous vous retrouvez à crever l'opercule avec la pointe d'un compas tandis que des cataractes orange s'élancent en direction du sol.

Heurs et malheurs du mobilier scolaire

S'il n'y avait que le sol qui trinquait… mais non, tout est susceptible d'y passer !

« Une **chaise** a quatre pieds. » (Pour les plus laconiques.)

« Si tu continues, ta tête va heurter le mur et ta cervelle va sauter hors de sa boîte crânienne à la recherche d'une nouvelle liberté... » (Pour les plus poétiques.)

Quel enfant n'a jamais entendu cela alors qu'il s'adonnait à l'innocent plaisir d'une gravité désentravée ?

Alors je m'excuse – et platement encore ! – d'ainsi lui remettre le nez dans sa condition de mammifère soumis à la pesanteur mais, de l'autre côté du bureau, le professeur a parfois déjà assisté à la chute, et dans son esprit ne rôde jamais bien loin la problématique de sa propre responsabilité juridique. Je comprends très bien ce besoin de s'élever au-dessus des contingences terrestres, mais l'accident n'aura pas lieu dans ma classe ! Aucune envie d'expliquer devant un parterre de parents atterrés pourquoi un élève se retrouve le front ouvert, enrubanné de bandages dignes d'Apollinaire.

— Qu'est-ce que tu fais ?

— Rien.

En s'approchant doucement, le professeur constate, non sans consternation, que l'entièreté de la **table** est désormais recouverte d'une armée de pénis : des gros, des petits, des chauves, des couillus, des flasques, des ventrus…

— Il ne te reste plus qu'à nettoyer avant le passage de la femme de ménage.

— Je ne peux pas, je les ai gravés au compas et j'ai coulé de l'encre à l'intérieur.

— Pourquoi tu as fait ça ?

— Pour que ça dure !

Nous ne sortons décidément pas de l'art pariétal.

Le sac à dos, entre déchetterie et caverne d'Ali Baba

Pierre, feuille, ciseaux !

Comme le stylo, l'agenda ou la concentration, vous pouvez être certain d'une chose : l'élève manquera toujours de **feuilles** !

En parlant de feuilles, certains élèves ont la patience et la dextérité d'en faire de très chouettes **origamis**. Rien de plus apaisant que de voir un petit cygne ou un lapin en papier plié sur le coin d'un bureau. Même si le papier en question provient d'une copie, il faut parfois savoir fermer les yeux.

Autre agrément sur les tables, le **quatre-couleurs** a su devenir un accessoire de mode à part entière. Le crayon un peu ringard est aujourd'hui un majestueux objet de convoitise (et de vol, mais cela est une autre histoire). Lancé en 1970, le quatre-stylos-en-un inventé par l'entreprise française BIC (cocorico !) devient très rapidement un véritable phénomène mondial. L'usine de Montévrain, en Seine-et-Marne, en produit pas moins de 200 000 exemplaires par jour, soit un million par semaine ! La marque ne cesse de les customiser, de la version « fun » aux couleurs acidulées, à la mouture « fluo » du plus bel effet, en passant par le modèle « sun » aux teintes estivales… Au total, la gamme comprend une centaine d'articles différents ! Parents, cette marque en veut à votre porte-monnaie ! Surtout que, pour maintenir l'engouement au plus haut niveau, il faut également compter sur le lancement régulier d'éditions limitées, tel le stylo « wood style » d'une classe inégalable.

Malgré le prix assez élevé de ces stylos, les enfants se font un véritable plaisir de les personnaliser ! Certains les recouvrent intégralement de blanco avant de les badigeonner au marqueur, d'autres enlèvent les dorures à grands coups de ciseaux.

Quand ce travail d'orfèvre est terminé, les **ciseaux** peuvent alors être lancés (sur un camarade, un enseignant, une mouche...), servir à graver une figure tendancieuse dans le bois patiné ou le plastique blême d'un bureau, virevolter autour de l'index (si possible, à proximité immédiate des yeux)... Parfois ils servent même à découper le polycopié que le professeur vient de donner :

— Mais qu'est-ce que tu fais ? J'ai déjà prédécoupé les feuilles !

— C'est pas droit !

— On s'en moque, pose ça !

— L'esthétique, c'est important ! Je veux pas que mon cahier devienne moche à cause d'une feuille découpée n'importe comment.

Et le professeur regarde impuissant les petites rognures qui s'envolent et finissent au sol.

Certains drames ne peuvent être évités, le destin ou la fatalité y veille. D'autres, en revanche, pourraient aisément l'être. Amis parents qui lirez ces lignes, par pitié, n'achetez plus à vos enfants de **règle métallique** :

1) Son esthétique est douteuse ;

2) En cas de conflit, elle devient le parent pauvre de la batte en aluminium ;

3) Le bruit émis quand elle tombe donne l'immédiate envie de châtier l'insolent qui l'a apportée.

Les objets de l'étrange : niveau 1

J'ai un souvenir encore ému de cet enfant qui s'était profondément enfoncé un **ressort** dans la paume, uniquement dans la perspective de rendre service à un camarade qui souhaitait tester sur lui l'efficacité d'une petite pince servant à ôter les hameçons de la mâchoire des poissons ! Est-il utile de préciser que la chose ne fonctionna guère et que le pauvre élève s'est trouvé bien dépourvu quand il a fallu qu'il se rende à l'infirmerie scolaire ? Miracle, l'infirmière était là. En revanche, elle n'a pu déloger ledit ressort et ce sont les pompiers qui se sont acquittés de la tâche. Parfois je me demande si les deux élèves sont encore amis.

Un jour où ils étaient visiblement d'humeur taquine, quelques élèves ont décidé de se munir d'un **marteau** pour venir au collège. Si l'introduction d'un tel objet dans l'établissement est déjà fortement discutable, l'usage qui en a été fait est, davantage encore, sujet à caution. Les quatre gaillards ont profité de la pause déjeuner pour s'en prendre à la porcelaine de pauvres et innocents W.-C. De leur maillet improvisé, ils ont frappé tant et si bien la fragile céramique qu'en l'espace d'une heure ils sont parvenus à fracasser toutes les toilettes côté garçons. Le gestionnaire administratif, furieux d'une telle atteinte au matériel de l'État, a décidé de laver son honneur d'une bien étrange manière : il a tout bonnement ôté – en signe de massives représailles – les portes de chaque cabinet. Certes, il n'y avait plus grand-chose à protéger chez les garçons, mais pourquoi également emporter celles des filles ? Pendant trois longues semaines, les élèves ont dû uriner au su et à la vue de tous. On a connu mieux comme ambiance.

Les objets de l'étrange : niveau 2

Animal de compagnie adopté par certains élèves, l'**escargot** tente tant bien que mal de survivre dans la trousse parmi les compas et autres crayons pointus. Parfois il y arrive, parfois il meurt.

Les objets de l'étrange : niveau 3

Certains élèves se servent de leur **trottinette** comme d'une pioche ou d'un fléau pour estourbir leurs adversaires. Un usage qui reste encore trop méconnu de certains parents.

Les collégiens sont décidément inventifs. Si le coup de la laque et du briquet est bien connu (peut-être un hommage involontaire au *Vieux Fusil* ?), il est toutefois rare que l'improvisé **lance-flamme** soit utilisé comme une arme de guerre. Inhabituel mais pas impossible, comme le démontre l'exemple de cette troisième qui a tenté d'enflammer le visage d'un petit sixième pris au hasard dans la masse. Que les adolescents peuvent se montrer aussi bêtes que cruels !

En temps de crise

Petite délinquance…

Même si on ne l'aurait pas attendu là, c'est en salle des professeurs que le **vol** est finalement le plus ordinaire, comme s'il y traînait une regrettable malédiction qui pousserait une minorité de collègues à s'emparer de ce qui n'est pas à eux. Le vol non pour la gloire, mais le menu larcin, l'escamotage perfide, gratuit, jouissif parce que sans raison. Prenons un exemple : vous insérez une piécette dans la machine à café, un gobelet en sort et un liquide chaud et noirâtre se met à couler d'un jet fatigué (un cafard a encore dû venir mourir dans les tuyauteries de la machine). Vous vous éloignez un instant pour chercher une feuille dans votre casier et, à votre retour, vous constatez qu'un miracle s'est produit ! En lieu et place du gobelet, vous contemplez désormais une miniature du néant. Envolés, le gobelet, le café et la confiance qui va avec.

Quand ce ne sont pas des collègues qu'il faut se méfier, les élèves prennent la relève. Il m'est déjà arrivé d'assister au triste spectacle d'une **foule paniquée**. C'était au sommet d'un escalier et c'est peu dire que, bien que bref, le phénomène est des plus impressionnants ! Je bavardais avec un congénère quand, sans que je comprenne encore pourquoi, des élèves se sont mis à crier et à se pousser mutuellement. Rapidement, comme autant de quilles soudainement balayées, ils se sont écroulés les uns sur les autres, formant une masse indistincte qui s'est mise à dévaler les marches, tandis qu'un seul cri émergeait de ce chaos. Quelle a été la cause première de cette pagaille ? Un coup de coude égaré dans la rondeur d'un flanc, une perfidie chuchotée, le battement d'ailes d'un insecte ? Il a probablement suffi de peu. Ce qui reste certain, en revanche, c'est que dans une telle situation les lois de la physique se font implacables, un mouvement un peu brusque en entraîne un autre, dans ce qui ressemble beaucoup à une réaction chimique, et la longue chaîne de la catastrophe se forge maillon par maillon.

Il est bon de conserver dans un coin de son esprit qu'en cas de panique la foule a tendance à se comporter comme un troupeau de gnous qui a senti la présence du lion. La débandade, immédiate, est une houle sans fondement, et tant pis si sur sa route elle écrase d'innocentes victimes ! Fuir est la priorité et le repos n'est plus une option.

Le phénomène s'est stoppé aussi brutalement qu'il avait commencé, laissant une trentaine d'élèves sur le carreau. Aucun blessé sérieux n'a été à déplorer, mais l'incident a gardé comme un avant-goût de ce qui arriverait en cas de panique véritable. L'individu, pris dans la masse, est décidément bien peu de chose.

S'il y a un autre endroit où l'effet de masse peut se révéler impressionnant, c'est dans la cour de récréation. Certains élèves l'ont bien compris et en profitent pour proférer des **insultes** à tout va, comptant sur le nombre pour rester impunis. Omniprésentes, grossièretés et injures s'échangent et se distribuent sans vergogne, du « ta gueule ! » amical (ce sont les élèves qui le disent !) aux offenses bien plus graves et/ou infamantes. Une fois encore, c'est le dosage qui fait basculer l'anodin parfois ordurier du langage verbal à une pratique franchement haïssable, et donc à sanctionner. Le rôle du professeur et de la vie scolaire est de rester attentifs à ce que l'escalade ne se produise pas. Il peut être utile d'inciter l'élève à s'interroger sur le pourquoi des mots employés qui ne sont souvent que le masque d'un énervement mal maîtrisé. C'est à l'adulte de lui rappeler que si l'agacement ou la colère sont des sentiments légitimes, les mots proférés sous leur empire sont rarement judicieux et contribuent à détériorer grandement le climat scolaire.

… peut devenir grande

Les insultes ne restent pas cantonnées entre élèves, elles sont aussi proférées à l'encontre des professeurs, et pas seulement par les élèves, mais aussi par leurs familles. Les incivilités et agressions sont en constante augmentation et accentuent le mal-être des enseignants, si bien que le nombre de signalements a crû de 78 % depuis cinq ans[5]. Bref, l'ombre de l'**insécurité** plane sur tout le monde, des personnels éducatifs aux élèves.

La première insulte à m'avoir été dédiée (du moins la première que j'ai clairement identifiée) émanait d'un élève de sixième. Parce qu'il n'y a pas d'âge pour être inventif avec le langage ! Pour l'instant – je touche du bois –, j'ai réussi à échapper à la violence physique. Ce qui n'est pas le cas de plus de 220 000 collègues par an, rien qu'en primaire[6] ! Il est visiblement dangereux d'enseigner aux plus petits. Mais pas que… Neuf cents professeurs du second degré ont été menacés par une arme en 2021, soit l'équivalent de 9 par département[7]. On est donc loin de l'exceptionnel et ça fait froid dans le dos !

On le sait peu : une association, l'Autonome de solidarité laïque (ASL), dispose d'un service juridique efficace traitant des plaintes et des demandes de soutien émanant des enseignants victimes d'agressions. En ce qui concerne les chiffres, c'est vers elle qu'il faut se tourner puisque aucune statistique sur les violences subies par les professeurs n'existe au sein du ministère[8]. Pourtant, ce dernier est généreux dans la commande d'études, mais visiblement ce point en particulier ne parvient guère à titiller sa curiosité. Qu'à cela ne tienne, nous nous passerons de lui ! Le baromètre de l'ASL montre qu'en une dizaine d'années la perception du climat scolaire s'est fortement dégradée : près de six personnels sur dix se disent insatisfaits. Plus de 75 % des dossiers de protection juridique concernent une agression ou un sentiment d'agression, avec au premier plan les diffamations, les insultes et les menaces[9]. Malgré le fait qu'un nombre important d'agressions ne soit jamais signalé – souvent, les coups se perdent et finissent par disparaître, étouffés sous le poids de la honte ou de la paperasserie –, le constat de la mission sénatoriale qui a enquêté à ce sujet est sans appel : « L'école de la République est en danger[10] ! », la violence de la société y étant entrée.

La violence, décidément protéiforme, sait aussi se faire sournoise. Selon l'UNICEF, un élève sur trois se dit victime de **harcèlement** et la moitié des ados entre 13 et 15 ans disent subir des violences dans le cadre scolaire[11]. En France, le harcèlement toucherait 12 % des élèves de primaire, 10 % des collégiens et 4 % des lycéens[12] – la tendance s'inverse donc peu à l'arrivée en sixième, en revanche les formes graves augmentent. Avec la généralisation des réseaux sociaux, le harcèlement semble n'avoir plus aucune limite, puisqu'il a migré vers le monde numérique, où nuits et jours s'abolissent. Difficile, voire impossible, pour les parents de contrôler tout ce qui se lit ou s'écrit sur la Toile. D'ailleurs, ceux-ci sont souvent inconscients du degré de violence qui s'exerce à chaque instant. L'enfant livré à lui-même derrière un clavier est rarement un ange de bonté. Surtout que loin d'être un stigmate ressenti sur l'instant, les effets du harcèlement se font sentir à long terme[13].

Face à cette réalité pour le moins préoccupante, l'école tente de prendre quelques mesures pour endiguer ce triste phénomène.

La prévention, à travers des campagnes de sensibilisation des élèves et de leurs familles, reste pour l'instant la principale arme contre le harcèlement[14]. L'école encourage également les élèves à se manifester quand ils en sont témoins. Un autre volet consiste dans une montée en puissance des sanctions prises à l'encontre des harceleurs, longtemps laissés impunis. Un nouvel attirail punitif se veut davantage dissuasif, même s'il est encore un peu trop tôt pour prendre pleinement mesure de son efficacité… ou de son inutilité !

Ici, comme pour tout le reste, seul le temps nous indiquera si un véritable changement survient. Mais il est à prévoir que les choses ne bougeront pas radicalement, la lutte devant s'inscrire à long terme.

Finissons cette bien triste partie sur une école qui a cessé de constituer un sanctuaire et qui, au contraire, apparaît comme une cible de choix pour les **attentats**. Qu'ici soit rendu un hommage ému à tous les professeurs décédés dans l'exercice de leurs fonctions et à tous ceux qui ont connu (et connaissent) d'indignes menaces.

Chacun sait que parvenir à une sécurisation à 100 % efficace est impossible : l'école n'est pas une prison et, à moins de dénaturer sa fonction première, on ne peut entourer chaque édifice de barbelés et de miradors. Néanmoins, les collectivités locales et l'État tentent de se prémunir des potentielles attaques en protégeant au mieux les bâtiments scolaires et leur accès. Cent millions d'euros ont déjà été débloqués à cet effet ces cinq dernières années[15]. Chaque établissement dispose aussi, depuis 2002, d'un plan particulier de mise en sûreté (PPMS) qui prend désormais en compte le risque terroriste, en plus des menaces d'intrusion. Pour avoir déjà assisté au retentissement de cette alarme spécifique (car des élèves du public tentaient de « faire une descente » dans le privé), je confirme que le déclenchement et la diffusion de la sirène vous mettent tout de suite dans une sorte de sidération bien anxiogène.

Alors que nous reste-t-il à faire, si ce n'est continuer à enseigner et à éduquer ?

VI
L'école du numérique sans le numérique

Tels les Suédois, ferons-nous machine arrière dans la course au tout-numérique à l'école ? Après s'être montrée à la pointe dans l'équipement en tablettes, la Suède a décidé de revenir sur la généralisation des écrans[1]. L'approche jadis novatrice et ludique suscite, dix ans plus tard, de nombreuses interrogations. Non seulement le pourcentage d'élèves de 9-10 ans éprouvant des difficultés à lire est passé de 12 à 19 % en seulement cinq ans, mais encore les compétences de base, comme la compréhension approfondie des textes ou l'écriture, sont de moins en moins bien maîtrisées[2]. De plus, le temps passé sur écran chez les enfants est toujours associé à des phénomènes de concentration perturbée, de mémorisation ralentie et de capacités d'apprentissage en chute libre[3]. A priori, voici ce qui nous attend !

Le mal du siècle

L'**impatience** est plus que jamais un trait distinctif de la jeune génération. L'intolérance à tout ce qui ne paraît pas immédiat, direct et rapide n'a jamais été aussi exacerbée. Toute attente s'apparente à une frustration – très rapidement insupportable –, et déclenche un comportement agressif et impulsif. Dans le contexte scolaire, l'impatience montre tout de suite ses limites : l'élève peine à se concentrer, refuse d'attendre son tour de parole et de respecter les règles de savoir-vivre les plus élémentaires. Il lui faut tout, et tout de suite. On pourrait penser que le numérique, par son apparente vitesse de traitement, constitue une réponse efficace à cette tendance actuelle. Or, qui dit numérique dit assez souvent bug, surtout à l'école. En effet, rien n'est plus agaçant qu'un ordinateur qui ne s'allume pas instantanément ou une page web qui tarde à s'afficher. J'ai déjà assisté à des crises et des rages non feintes d'enfants qui ne supportaient pas le

« refus » d'une machine ou sa relative lenteur, comme si ces objets digitaux se montraient intentionnellement rebelles à leur volonté. Néanmoins, malgré les défauts de tous ces appareils numériques, il n'est pas si facile de conduire les élèves à y renoncer… « On n'est quand même plus au siècle dernier ! »

Un peu d'archéologie

L'**agenda** est un artefact devenu subitement inutile depuis l'apparition de l'environnement numérique de travail (ENT). Quand ils en ont encore un (les parents continuent souvent de l'acheter par réflexe), peu nombreux sont les élèves à le sortir, du moins pour écrire leurs devoirs – il arrive que l'agenda soit recyclé en calepin à dessins ou en boulettes de papier. Tous attendent, plus ou moins sagement, que le professeur note les devoirs sur Pronote ou EcoleDirecte (les logiciels prévus à cet effet). Si jamais ce dernier n'a pas le temps de s'exécuter sur l'instant, que les cours s'enchaînent et que le soir – ô faute impardonnable ! – il omet de rallumer son ordinateur pour graver dans le marbre numérique les sacro-saints devoirs, vous pouvez être assuré d'une chose :

les enfants ne se priveront pas de pousser des cris effarouchés face à ce grave manquement.

— Comment ça, un contrôle ?!

Mais oui, ils se souviennent vaguement de l'annonce, mais puisque celui-ci n'apparaissait pas sur l'ENT, ils en ont rapidement et commodément conclu que vous aviez changé d'avis.

Parce que vous pouvez répéter à l'envi que l'interrogation aura lieu jeudi prochain – qu'il tonne, qu'il grêle ou qu'une invasion de Gremlins survienne –, la classe ne croit qu'en une seule chose : le cahier de texte numérique. La moitié de la classe a la date du contrôle stabilotée sur son agenda ? Cela ne compte pas. C'est une non-vérité. L'ordinateur ne saurait mentir. Le contrôle devient donc automatiquement chose nulle et non avenue. Y songer encore ne ferait que davantage courroucer la classe, et le professeur, penaud, se retire.

Les **manuels** ont, eux aussi, subi le même sort que l'agenda : ils ont été dématérialisés. Mais, contrairement au cahier de texte, il n'est même plus possible d'en avoir une version papier, les manuels ne sont plus accessibles que sur tablette ou ordinateur. Autant dire qu'ils sont devenus inexistants !

Véritable aberration, le passage au tout-numérique a tué avec lui la curiosité. Jadis (nous en sommes déjà là...), un élève qui s'ennuyait avait toujours la possibilité de s'égarer, corps et âme, dans l'« effeuillage » plus ou moins distrait des pages du manuel. Ce n'était pas qu'il soit bien plus passionné par l'écriture de Zola que par celle de Giono, mais, enfin, c'était une forme de liberté comme une autre : on avait la possibilité de ne pas suivre le cours tout en s'instruisant par ailleurs. Même sans le vouloir. Surtout sans le vouloir ! De cette consultation hâtive et facultative on ressortait, l'air de rien, avec un bout d'extrait en tête. À tout le moins, on avait ricané devant l'infinie laideur des portraits de Jean-Paul Sartre. La moquerie est une ouverture comme une autre à la littérature. À titre personnel, c'est en feuilletant mon manuel de français que je suis tombée sur le pastel de Jean-Jacques Rousseau, peint par Maurice-Quentin de La Tour, qui m'a donné envie de lire un auteur par moi-même.

Las, désormais l'élève pour se désennuyer ne part plus en quête d'une gravure ou d'un portrait, il va directement sur la page d'accueil de Topito ou lance « en loucedé » Insta. L'innocent plaisir d'apprendre par grappillage et de se cultiver dans le dos du professeur a disparu. Je n'écoute pas le corrigé de l'explication de texte d'un extrait de *Météores* ? Qu'importe, si je me perds dans la contemplation du *Bœuf écorché* de Rembrandt ! Je ne prends pas en notes le cours sur le volcanisme, est-ce si grave si je contemple un schéma sur les diverses possibilités des structures moléculaires ? La disparition physique des manuels a ceci de triste qu'elle annihile avec elle tout un pan de curiosité jouissive, spontanée et personnelle.

Un environnement technologique de haute volée !

Plaie ou bénédiction, il faudra bien finir par choisir son camp. Ce qui est certain, c'est que l'usage de l'**ENT (espace numérique de travail)** a radicalement transformé le monde de l'enseignement. Pour les quelques parents qui auraient le bonheur de connaître une école encore dépourvue de numérique et qui ignoreraient tout de ce qui se cache sous un tel sigle, en voici une rapide définition : l'ENT est une plateforme numérique (comme son nom l'indique) conçue pour la gestion pratique de la scolarité (devoirs, accès aux notes et/ou à des documents supplémentaires...), avec en prime une chouette messagerie qui n'en finit plus de troubler la notion de ce qui relève de l'horaire de travail et de ce qui n'en fait déjà plus partie.

Vous souhaitez contacter un professeur ? Rien de plus simple ! Un e-mail envoyé à 1 h 15 du matin vous en offre la possibilité. En vrai, la disponibilité numérique du professeur est souvent saturée face au gouffre sans fond qu'est Big Brother. Les parents ont tendance à oublier que certains professeurs ont face à eux plus de 1 000 élèves par année ; doublez le nombre, vous obtenez près de 2 000 parents interlocuteurs. Sans compter les grands frères, les grandes sœurs, les oncles et les tantes, les grands-parents maternels et paternels. N'oublions pas de comptabiliser les élèves qui écrivent à tout bout de champ et vous comprenez sans mal que, seul face à tous ces interlocuteurs, le pauvre professeur abdique et se mette à trembler – voire à convulser – à la simple vue de la page d'accueil de l'ENT.

L'ENT fait beaucoup office d'Amazon de l'Éducation nationale ! On y trouve de tout à n'importe quelle heure. Vous souhaitez un graphique en 3D qui vous montre l'évolution des notes de votre enfant en physique-chimie ? Vous le pouvez ! Vous voulez savoir quel est le coefficient pour tel contrôle ? Vous le pouvez ! Vous rêvez de payer la cantine à distance ? Vous le pouvez aussi !

Certes commode pour les élèves et les familles (c'est quand même rigolo toutes ces statistiques qui évoluent en temps réel), l'ENT est devenu une plaie gangrenée pour bon nombre de professeurs. J'ai parfois l'impression de passer plus de temps à nourrir la bête numérique qu'à corriger des copies (et pourtant, croyez-moi, j'en corrige !). C'est que le professeur est soumis à l'exigence des machines. Il doit noter les devoirs, mettre en ligne ses cours, entrer les appréciations, remplir les compétences. Pour ce faire, il faut cocher des pastilles de couleur en fonction des acquis de l'élève. Un contrôle permettant la validation de plusieurs compétences, pour une note chiffrée, cela demande que vous cliquiez au moins 400 fois sur le bouton de la bonne couleur pour remplir les livrets d'une classe. C'est un travail à mi-chemin du secrétariat et de l'asile. On clique ici, là, partout, tout le temps. Vous vouliez améliorer un cours, adapter un exercice, reprendre une notion qui semblait mal comprise… ma foi, c'est bien, fort bien même ! Mais avez-vous auparavant rempli tous les champs des innombrables compétences ?! Car prendre du retard sur le terrain numérique est fatal ! Vous devez publier le contenu de vos séances (fini le temps où les absents rattrapaient le cours sur le copain), reporter les devoirs (si possible à des heures où les élèves sont susceptibles d'être encore connectés), réceptionner les travaux envoyés par e-mail alors que vous aviez bien précisé que vous ne vouliez que des copies papier, etc., etc., etc.

L'utilisation de l'ENT s'est accrue de manière massive depuis le premier confinement. Auparavant facultatif, il a pris le pli de s'imposer en un HAL despotique, irascible et franchement terrifiant. Sans compter que la pépite coûte cher. Très cher même, puisque le gouvernement a alloué une enveloppe de près de 600 millions d'euros pour soutenir la modernisation et le développement du numérique à l'école[4]. Autant d'argent pour créer la version parfaite de ce cerbère informatique !

Le film *Alien* avait bien raison : dans l'espace (numérique), personne ne vous entendra crier.

L'intégration des technologies numériques dans l'éducation étant devenue un enjeu majeur pour notre ministère, les **tableaux numériques interactifs (TNI)** ne cessent d'étendre leur malfaisante présence, telles la gangrène ou la moisissure[5]. Leur usage est cependant différemment apprécié selon les matières ; les disciplines scientifiques et les langues vivantes s'en serviraient le plus, mais même ces aficionados ne sauraient véritablement en exploiter toutes les fonctionnalités[6]. La faute à une interface faussement fluide et à un manque criant de formation ! Par ailleurs, la projection d'un cours déjà « figé » rend souvent les apprentissages moins spontanés. Sans compter que selon la marque du TNI (qui varie d'une classe à l'autre), certains autorisent l'écriture au marqueur classique quand d'autres ne le tolèrent absolument pas. Combien de fois ai-je entendu :

— Non !! Pas avec le marqueur, le tableau ne s'efface pas !

— Qui avez-vous eu avant ?

— Madame X ou monsieur Y.

— Formidable ! Si jamais on vous demande, vous direz que c'est elle/lui qui a fait la boulette.

Surtout n'allez pas croire, parce qu'il y a le mot « numérique » dans le sigle, que vous êtes au firmament des possibilités technologiques. Déjà, il faut que le tableau daigne fonctionner, ce qui est loin d'être une éternelle constante. Certaines classes sont parfois privées de TNI pendant des semaines, voire des mois. Et comme l'usage du marqueur est des plus aléatoires et dangereux, que faire ? Rouvrir les manuels !? Mais c'est qu'ils n'existent plus, ma bonne dame ! Eux aussi sont devenus numériques et si le système informatique est en carafe, eux aussi sont automatiquement en grève. J'ai déjà assisté à une crise de larmes de la part d'une collègue qui s'est aperçue que le TNI, une fois encore, ne fonctionnait pas. Elle ne savait plus comment enseigner sans manuel, sans tableau, sans rien... Vive le progrès !

Abordons un autre exemple de « progrès » technologique, qui, dans la réalité, se montre souvent bien taquin. L'application En classe, sur **Apple TV**, doit normalement servir à vidéoprojeter les détails des cours[7]. Quand elle ne se déconnecte pas pour une raison des plus mystérieuses, elle s'offre le luxe de vous imposer une dizaine de bandes-annonces à la gloire des séries Apple. Piégé comme un rat, vous ne pouvez les sauter sous peine de devoir faire sans tableau numérique. Vous souhaitiez projeter une carte mentale des temps composés de l'indicatif ? Vous vous retrouvez avec un trailer de *Dick Turpin* ou de *Manhunt*. Ces moments d'appréciables publicités finissent par s'ancrer durablement dans l'esprit de l'élève et du professeur. Pas certain que la mémorisation des leçons soit favorisée par de tels intermèdes, en revanche une chose est sûre : ces séries n'ont pas l'air de casser trois pattes à un canard.

Un jour que le **vidéoprojecteur** ne fonctionnait plus, un élève de seconde a eu la délicate attention de m'aider à le bidouiller. Alors qu'on le dépannait (réparation consistant à taper sur la machine tout en tripotant éhontément chacune de ses molettes), l'appareil s'est soudain remis en marche. Miracle ! Tout le monde se rassied, le cours s'apprête enfin à commencer après une vingtaine de minutes perdues, quand un grésillement suivi d'un flash se fait entendre. Le vidéoprojecteur avait, une fois de plus, lâché.

— Wallah, c'est pire qu'un rétro du bled ! Si vous voulez, je vous en ramène un de là-bas ! La vérité, il fonctionnera mieux que celui-là !

Quelques secondes passent… Je suis convaincue.

— Je vais demander au gestionnaire s'il dispose encore de fonds !

Mais, ne vous inquiétez guère, en plus des salles de classe qui se la jouent *Minority Report*, le numérique poursuit sa route et atterrit droit dans les mains de vos enfants. Depuis quinze ans, l'équipement en ordinateurs et **tablettes** pour les élèves est en constante augmentation : un enfant sur quinze y a accès en maternelle, un sur trois au collège et un sur deux au lycée[8]. Cela ne peut augurer que du bon ! Pour passer de l'âge de craie à l'âge de silicone, l'État a lancé plusieurs appels d'offres afin de pourvoir le parc scolaire en matériel d'une part, et d'en assurer l'« intendance » d'autre part. Si, dans le public, ce sont les impôts qui servent à financer cette mue, les parents du privé sont quant à eux bien souvent pris pour de dociles et captives vaches à lait. Dans certains établissements, ils paient chaque année une redevance de 18 euros par mois pour l'IPad qui est généreusement « prêté » à leur progéniture[9]. Si vous avez le bonheur de scolariser votre enfant dans ce type d'établissement de la sixième à la terminale, ce ne sont pas moins de 1 500 euros que vous aurez dépensés pour une tablette qui ne lui appartiendra jamais, puisque ce coût ne couvre que le montant alloué au prêt et à l'entretien. À plus de 1 500 euros une tablette jamais vôtre, on est en droit de se questionner. Alors, certes, plus que l'objet, c'est surtout l'infrastructure numérique (et les informaticiens qui vont avec) que vous paierez. Mais cela n'est pas forcément davantage réjouissant lorsque l'on sait que peu nombreux sont les cours où l'informatique fonctionne. La grande gloire de ce système, c'est de faire payer l'insécurité au prix de la sécurité !

Ici le pouvoir des mots s'arrête et c'est bien modestement que je laisse – telle quelle – la **notice numérique** envoyée aux professeurs qui, en plus du collège et du lycée, enseignent quelques heures à la faculté et souhaitent tout simplement… être payés !

Voici donc la procédure (suivez-la bien pas à pas !) :

1/ Sur Colibris, déconnectez-vous de vos identifiants préenregistrés (en haut à droite).

2/ Déconnectez-vous d'Ariane (en haut à droite).

3/ Fermez votre navigateur internet.

4/ Retournez sur Ariane, et connectez-vous avec votre **identifiant** UAI (par exemple : 0921915G), suivi du mot de passe de la messagerie professionnelle de l'établissement.

5/ Retournez sur Colibris, et identifiez-vous avec vos identifiants académiques.

6/ Normalement, vous êtes identifié.

7/ Faites de même pour le LGT et le LP, en reprenant cette procédure depuis le point 1, et en vous reconnectant avec les UAI de vos 2 autres structures.

Même Alfred Jarry n'aurait pas osé !

L'enfer est pavé de réseaux sociaux

Quelle meilleure porte d'entrée pour les réseaux que le **smartphone** ? Alors que l'usage des téléphones portables est interdit ou fortement déconseillé à l'école, 96 % des 12-17 ans en possèdent un[10] et s'en servent !

D'où la volonté du gouvernement d'instaurer une « pause numérique[11] » – entendez par là une interdiction totale des smartphones dans l'enceinte des établissements scolaires. Vous me direz que je suis mauvaise langue, mais je ne suis pas bien convaincue qu'un projet de loi suffise à forcer les jeunes à lâcher leur doudou numérique. Ils y passent en moyenne cinq heures par jour[12], donc forcément aussi pendant les cours – c'est un secret de polichinelle ! Et une moyenne reste une moyenne… Certains y passent plus de dix heures, greffés à leur portable du lever au coucher. Comme les adultes, ils y sont de plus en plus accros[13].

Couteau suisse émotionnel qui rassure autant qu'il inquiète, le smartphone se faufile partout, au point que quatre jeunes sur cinq ne peuvent s'empêcher de prendre une bonne rasade de lumière bleue avant de s'endormir[14]. Quand on mesure les dégâts que cela cause sur le sommeil, on a de quoi blêmir. Mais s'il n'y avait que ça ! Au-delà de jouer le rôle de confident, le tendre et fidèle nin-nin 2.0 possède l'œil rouge d'HAL 9000 et se fait vecteur de violence pour au moins un jeune sur dix qui connaît du cyberharcèlement ou d'autres formes d'intimidation[15].

Sans compter que le portable se fait parfois aide-mémoire du religieux quand l'appel à la prière se diffuse en plein cours, rompant ainsi la laïcité, et invitant la question du religieux au sein d'une classe qui ne se veut appartenir qu'à la République, une et indivisible. Et quand les parents disent qu'il suffit de confisquer ledit objet incriminant avant d'entrer en salle, je réponds :

— Avez-vous tenté d'ôter le lionceau de la gueule de la lionne ? Non ? Eh bien, l'exercice est probablement bien moins périlleux que d'enlever un portable des mains d'un prépubère !

Du portable aux **réseaux sociaux**, il n'y a qu'un pas. Ne croyez pas que votre enfant vous réclame un smartphone uniquement pour vous faire de gentils petits messages rassurants avec plein de smileys nounours, bisous et pouce levé. Non, il ne rêve que de faire partie des groupes virtuels dont ses camarades ne cessent de parler. Les réseaux sociaux sont assurément LA nouveauté majeure de ces dernières décennies. La télé est dépassée, la console perd doucement sa place de leader, mais les réseaux sont là. Omniprésents. Omniscients.

Pas un collégien qui en soit dépourvu[16]. Ou si peu. Il faut dire que les privés de technologie sont tout de suite caractérisés sous l'angle de l'anomalie ou de l'étrangeté, devenant des sortes de « freaks ». Ils ont l'avantage de ne pas subir la pression de paraître aussi cool que leur avatar, et font ainsi l'économie de leur propre mise en scène numérique, mais leur absence virtuelle crée une forme de suspicion. L'implicite avoué est qu'ils ne doivent rien avoir à dire ou à montrer, donc qu'ils vivent un quotidien ennuyeux et sans amis.

Or, paradoxalement, les réseaux sociaux sont source d'isolement[17]. À force de parler à tout le monde, on finit par ne plus parler à personne. Sans compter que le média trouble les frontières entre le vrai et le faux, la célébrité et l'anonymat, le succès et l'échec. Certains collégiens sont respectés de leurs pairs pour avoir plus de 5 000 followers. Si, à l'échelle nationale, le nombre n'est rien, à vue d'enfant cela devient considérable. La popularité numérique prend alors le pas sur la popularité réelle et nombreux sont les élèves à discuter avec un camarade dans l'unique espoir de bénéficier un peu de son halo numérique. Car rien ne vaut la reconnaissance sur la Toile…

Les **influenceurs** sont l'une des dix nouvelles plaies de cette génération ! Ces semi-idoles de la bêtise font infiniment de mal à la notion de « travail ». Combien de fois ai-je entendu un élève dire que l'effort ne servait à rien, puisque que Nabilla, Maeva et autres consœurs connaissent toutes une vie de rêve après être passées par *Les Anges de la télé-réalité* ?

Soyons honnêtes, tous les enfants ne s'imaginent pas vivre, une fois grands, au sein d'un monde délicieusement vain, mais il n'empêche qu'un doute subsiste en leur esprit sur la pertinence de l'effort. La constance n'est plus une qualité phare. C'est déjà presque le recours des médiocres. Certains élèves ne se gênent d'ailleurs pas pour vous le dire : votre avis est dépassé, obsolète, et sent foncièrement le « *has been* ». De toute manière, les influenceurs (ainsi que les élèves) ont plus d'abonnés que vous. Si ce n'est pas le signe qu'il est temps de raccrocher les gants et de retourner s'enfouir dans sa caverne anté-numérique !

Votre enfant n'a ni TikTok, ni Snapchat, ni (il faut l'espérer) Tinder ? Bienheureux géniteurs, ne commencez toutefois pas à vous reposer sur les lauriers d'une parentalité heureuse. Un autre fléau guette, peut-être encore plus problématique et insidieux : les groupes **WhatsApp**.

Le problème est bien moins les messages qui s'échangent d'individu à individu que ceux partagés sur le « groupe classe ». Souvent vendu auprès des parents comme un groupe d'entraide – « On y parle uniquement des cours… Comme ça, si je suis absent j'aurai les devoirs à rattraper » –, la confrérie dérive souvent vers l'arène. Les séances d'autocritiques imposées par le régime maoïste devaient être moins violentes que ce détricotage mental et ce harcèlement constant infligé à un (ou plusieurs) camarade(s). Parce que l'enfant, comme l'adulte d'ailleurs, reste au fond assez proche de la meute. L'un vient de cracher une injure ? Un autre, aussitôt, renchérit. Idem pour le troisième, idem pour le quatrième. Beaucoup de parents restent peu conscients de l'ampleur pharaonique du nombre de messages reçus et envoyés. Sur certains groupes classe, plus de 700 messages s'échangent en une seule journée ! Si l'on considère que

300 textos sur 700 sont des injures (même minimes) et que cela se reproduit pendant des jours, des semaines, voire des mois, il y a de quoi fragiliser même l'enfant le plus solide en apparence, car aucun n'est épargné.

Il faut l'avouer, il n'y a pas que les parents qui tombent des nues. Combien de fois les personnels éducatifs découvrent-ils avec stupeur qu'un enfant, a priori convenablement intégré en classe (qui rit, bavarde et s'amuse avec les autres), est lynché sur les réseaux ? C'est qu'une étrange partition se fait. En journée, l'élève cumule les interactions avec ses condisciples, mais, revenu à son domicile, la trêve journalière prend fin et le cycle des railleries reprend. Les disputes entre camarades ne commencent plus dans la cour de récréation, mais par l'écriture d'un SMS rageur. Il est plus aisé d'insulter l'autre au travers de l'écran et de prendre la horde virtuelle à partie. Reste le lendemain l'embarras des choses écrites. Surnage aussi, sans doute, une forme de honte.

Robot intelligent vs *adolescent à la ramasse*

Je me souviens d'une élève de seconde venue me demander, à la fin d'un cours, si elle pouvait me montrer la photo de son petit ami. La chose semblant lui tenir à cœur, j'accepte. Je m'attends à ce qu'elle parcoure les photos archivées sur son téléphone, mais, tout de suite, elle se connecte à son compte Insta. Le cliché est déjà sorti de la sphère de l'intime, il n'a de valeur que par son exposition.

— Vous le trouvez comment ?

— Il a l'air gentil.

Je sens que ma réponse la déçoit quelque peu.

— Mais vous le trouvez présentable ?… Je veux dire, il rend bien en photo ?

Sans même attendre ma réponse, elle reprend :

— Non, parce qu'en vrai il ne me plaît pas tant que ça… Je veux dire, je ne le trouve pas très beau dans la vie. Mais en photo, il rend vachement bien !

— Qu'est-ce que tu veux dire par « en vrai il ne me plaît pas tant que ça » ? Tu ne préférerais pas sortir avec quelqu'un qui te plaise vraiment, quitte à ce qu'il ne soit pas photogénique ?

— Quel est l'intérêt de sortir avec un beau s'il est moche à l'écran ? Ça ne sert à rien. Faut être bête pour faire ça.

Elle me regarde, gênée :

— Enfin, je ne disais pas ça pour vous… Vu que vous n'avez pas de réseaux, ça n'a pas d'importance.

Un ange passe.

— J'espère que je ne vous ai pas vexée.

Si je me sens vexée ? Absolument pas. Si je me sens soudainement vieillie ? Oh que oui !

Près de 91 % des adolescents européens utilisent régulièrement des filtres ou des applications de retouche d'image afin d'améliorer leur apparence avant de poster des photos sur les réseaux sociaux[18]. Cette pratique courante et apparemment anodine ne l'est finalement pas tant que ça, puisqu'elle renforce l'idée que son image doit forcément être modifiée avant d'être publiée. Si le **selfie** demeure une pratique indétrônable, peu sont celles et ceux qui en maîtrisent tout l'art !

J'ai demandé à des lycéens ce qu'était une « bonne » photo. Plusieurs m'ont affirmé que la qualité de la photo était proportionnelle au nombre de likes ou de commentaires que l'on obtenait avec.

— Prenons un exemple au hasard. Si jamais vous postez une photo que vous trouvez belle et qui immortalise un agréable moment passé en famille, mais que celle-ci n'obtient pas de likes ?

— On la supprime !

— Ça ne te peinerait pas de la supprimer ?

— J'évite la honte.

— C'est honteux que des inconnus ne likent pas ton quotidien ?

— Un peu quand même…

Heureusement qu'aucune pression ne pesait autrefois sur la petite fille que j'étais lors du barbecue familial. Je ne sais comment j'aurais réagi d'apprendre que mes proches n'étaient possiblement pas instagrammables.

En plus de confier son apparence physique à des filtres plus ou moins subtils, l'élève a aussi tendance à déléguer son esprit à des **intelligences artificielles (IA)**. Alors que peut bien faire un professeur face à l'arrivée de ce nouveau phénomène dans ses classes ? Pas grand-chose, malheureusement. La mutation s'opère en sourdine. Les salles ont toujours leurs chewing-gums collés sous les tables et le même linoléum délavé au sol. Circulez, en apparence tout est conforme !

Du moins, jusqu'à ce que vous vous attardiez sur le contenu d'une copie. Ici, un basculement a eu lieu : vous venez de quitter l'humanité pour entrer dans le domaine aseptisé de l'IA. Prenez-en une autre, même constat ! À chaque devoir, cette inquiétante uniformité et la sensation de relire sans fin la même copie. Les mots ne sont pas exactement les mêmes et pourtant vous avez le sentiment de vous trouver devant le cimetière de la pensée. Tout est mort, rien ne vit. C'est que les IA (ChatGPT en tête !) se veulent d'une confondante normalité. Pas un mot plus haut que l'autre, pas une pensée plus fantaisiste que la norme. Surtout restons dans le tiède du consensus. Et, à force de tiédeur, le lecteur sent un froid de plus en plus intense s'immiscer dans ses os.

Auparavant cantonnée à quelques cas isolés, la fraude se banalise, quels que soient la matière ou le niveau ! De l'université au collège, un nouveau diktat est né : tout faire pour intervenir le moins possible dans la composition d'un devoir. Alors, certes, la tromperie et l'escamotage ont toujours existé, mais nous dépassons désormais les frontières de la mystification.

À lui seul, ChatGPT oblige à repenser le fonctionnement interne des établissements. On ne l'évoque guère dans la presse, et pourtant les devoirs maison sont devenus choses caduques. Plus personne n'en donne ou presque. À quoi sert de proposer un exercice quand les deux tiers de la classe vous rendront – avec le sourire – une copie « *made in* ChatGPT » ?

L'autre drame sous-jacent est que l'Éducation nationale se terre dans un silence assourdissant. Autruche malade, elle enfouit la tête et prie pour que la bourrasque passe. Aucune consigne ou proposition de concertation n'est donnée pour gérer au mieux l'arrivée massive de l'IA dans le métier.

Face au silence de l'État, la résistance se fait artisanale. L'enseignant ne peut que se confronter à l'expérience de ses pairs et bricoler quelques aménagements avant d'abandonner lui aussi, de guerre lasse, les devoirs maison. À quoi bon lutter face au flux qui déferle ? Le professeur, une fois de plus, reste seul sur la grève. Jamais il n'aurait pensé devoir départager entre l'humain et la machine. Il se voyait plus précepteur que mécanicien. Les temps changent. Si le logiciel sait produire à l'infini la même phraséologie, l'enseignant ne peut (à l'inverse du plagiat « à l'ancienne ») prouver l'origine non humaine des mots malhabilement recopiés d'une main juvénile. En littérature ou en philosophie, il parvient encore à déceler l'humain de l'artificiel, mais en mathématiques ou en physique-chimie la tâche devient plus ardue.

L'élève moderne ne serait-il donc in fine que celui qui maîtrise le mieux l'art du prompt ? Admettons. Quelle place, alors, accorder à l'enseignant ? Transmettre a-t-il encore un sens ? La réponse est d'autant plus compliquée que l'élève d'aujourd'hui confond ce qui lui appartient en propre avec ce qu'il a glané en utilisant les IA. L'enfant d'hier savait qu'il faisait du plagiat quand il recopiait un texte provenant du Net. Si vous le surpreniez en flagrant délit, il ne pouvait, dans le meilleur des cas, que reconnaître une « inspiration peut-être un peu trop appuyée ». Aujourd'hui, l'élève lève les yeux au ciel : que venez-vous l'importuner ? Étant à l'origine de la demande, il croit être le seul créateur de ce verbiage robotique.

Les notions de légitimité et d'appropriation se déplacent, nous ne sommes pas loin des débats ayant eu cours lors de la naissance de l'art moderne à l'orée du XXe siècle. Où commence et où s'arrête l'acte de création ? Qu'est-ce qui relève de la modernité et qu'est-ce qui relève de l'artifice ? La même histoire des ready-made de Duchamp qui revient en boucle.

Pour l'enseignant, l'autre danger des IA est de saper les fondements qui servent à l'élaboration d'une pensée complexe. Les élèves de lycée peinent de plus en plus à réaliser un commentaire structuré. La certitude de disposer, un jour ou l'autre, de l'intelligence artificielle dans son quotidien n'incite pas aux efforts itératifs de l'apprentissage. À force de déléguer ses problèmes aux IA, on en vient à barboter dans le chaos informel d'une pensée jamais démêlée. Le vrai miracle de ChatGPT, c'est d'avoir ringardisé l'enseignant, sans rien proposer en guise de remplacement.

Torture et barbarie, merci les réseaux !

Facebook avec sa page d'accueil un peu trop sage n'a plus la cote depuis longtemps, les enfants (et pas que !) se tournent majoritairement vers Instagram, Snapchat et surtout l'inénarrable TikTok[19] ! Alors ne voyons pas le mal partout, les heures défilent souvent devant d'innocentes vidéos de chiots. Certes, c'est un tantinet problématique pour la construction mémorielle et la capacité d'attention, mais, heureusement, nombreuses sont les vidéos inoffensives pour l'innocence. Là où le bât blesse, c'est que – système algorithmique oblige – la prochaine suggestion tourne parfois à l'erreur d'aiguillage. Le « short » se lance, sans même qu'on le lui demande, et l'horreur s'inscrit subitement à l'écran. Un chaton, un mixer, une improbable fusion. Un individu dérangé, une carcasse, un écœurant accouplement. Ces deux exemples ne sont pas pris au hasard, ils avaient beaucoup circulé et nombreux étaient les élèves à les avoir visionnés.

*Se pose alors la question de l'**image traumatique**.*

Le premier réflexe pour se défaire d'une vision dérangeante est encore de vouloir atténuer sa charge émotionnelle en faisant visionner la vidéo à autrui. Comme si le partage de l'expérience traumatique permettait de diluer sa responsabilité propre. Souvent motivés par la curiosité, les enfants s'en veulent d'avoir été soumis, plus ou moins malgré eux, à de telles visions. Or, si tout le monde partage la même image, le poids de la culpabilité s'en trouve davantage réduit. Du moins, c'est comme cela qu'ils raisonnent. C'est d'ailleurs étonnant de constater à quel point les classes d'âge se segmentent autour d'un type de vidéo traumatique.

Alors que faire ? Parce que, quand bien même votre enfant ferait partie des derniers privés d'Internet, à moins de s'enchaîner dans un cachot ou de s'exiler en territoire amish, il découvrira – à un moment ou à un autre – ce genre de vidéos. L'idéal serait tout simplement de désamorcer la crise avant qu'elle ne survienne en lui expliquant que si, un jour, on lui propose le visionnage d'une vidéo rebutante, il serait judicieux qu'il s'abstienne, de crainte d'être confronté à des choses qui ne voudront plus si aisément s'enlever de sa mémoire.

Et si le mal est déjà fait, l'assurer que vous êtes à son écoute. Il est d'ailleurs parfois bon de recontextualiser l'image, en insistant sur le point que l'ensemble de la société n'est pas ainsi fait.

Autre fléau fâcheux : la pornographie. Les **films X**, anciennement diffusés dans certains types de cinéma, ne font pas partie de la culture cinématographique que l'on souhaiterait inculquer à son enfant. Pourtant, en 2023, plus de 2,3 millions de mineurs consultaient, chaque mois, des vidéos pornographiques, un chiffre qui ne cesse d'augmenter[20]. Le porno a su s'immiscer doucement, mais sûrement, dans l'univers mental des plus jeunes. Son accessibilité a été démultipliée sans commune mesure depuis l'utilisation généralisée des ordinateurs portables, tablettes et autres smartphones qui permettent d'accéder instantanément à des contenus explicitement sexuels, et ce, sans aucune restriction, puisque les protections parentales – bien que majoritairement efficaces – finissent aussi par montrer leurs limites. Ainsi, 72 % des collégiens ont-ils déjà été exposés, au moins une fois, à du contenu pornographique en ligne[21].

Pareille exposition à un âge si jeune peut avoir de sérieuses conséquences sur le développement émotionnel et psychologique, les images et « scénarios » des films X venant fausser la compréhension du corps, de la sexualité… et du consentement ! Une exposition répétée à ce type de vidéos risque d'entraîner des attentes irréalistes sur ce qu'est une vraie sexualité et une tendance à l'objectification des futur(e)s partenaires. L'amour n'est pas qu'une histoire de performance ! Il est dommageable que cette pensée vienne en amont des sentiments.

L'école fait ce qu'elle peut pour tenter d'endiguer certaines représentations erronées et proposer une conception plus saine et sereine de la sexualité, mais, isolément, elle ne peut rien. C'est avant tout aux parents d'aborder la sexualité avec leur enfant avant que celui-ci ne le fasse par lui-même… Et bien souvent sa curiosité va spontanément chercher des réponses sur le seul et unique gourou de notre quotidien, à savoir Google.

VII
L'école inclusive : y a pas de personnel, y a pas de moyens, mais on y va !

Avant d'entrer plus avant dans cette section, il est plus que jamais indispensable de nous pencher sur l'emploi très décomplexé des **sigles et acronymes** dans l'Éducation nationale. Ce n'est pas peu dire qu'ils sont nombreux ! Omniprésents, ils forment une langue exotique. Rien que pour ceux commençant par *P*, on en compte une quarantaine[1]. Obscurs et intimidants au premier abord, ils deviennent rapidement familiers. Preuve, s'il en est, que la greffe s'est faite ! De toute manière, à chaque caste son jargon et, à bien y penser, celui-là n'est pas pire qu'un autre. Vous n'avez rien compris et n'êtes pas prêt ? Tant pis, on commence !

Des structures spécialisées… sur le papier

Limitées à 16 élèves et possédant des cours et des horaires aménagés, les classes **SEGPA** (section d'enseignement général et professionnel adapté) accueillent des collégiens ayant des difficultés persistantes d'apprentissage et/ou de comportement. Les matières traditionnelles y sont réduites et complétées par des enseignements à visée professionnalisante, afin de s'adapter au mieux au profil des élèves qui y entrent. Si le programme peut, a priori, sembler séduisant sur le papier, seuls 37 % des élèves obtiendront un diplôme à la sortie du collège et moins de 2 % décrocheront le brevet[2]. La majorité des recalés se déscolariseront à 16 ans. Alors comment expliquer cet échec et surtout peut-on y remédier ?

Pour l'instant, il semblerait que le gouvernement ait décidé de faire une pause dans le dispositif puisque, pour la première fois de son histoire, le nombre d'élèves scolarisés en SEGPA a diminué de près de 10 % depuis la fin des années 2010[3]. L'école tente de repousser l'échéance de l'entrée en SEGPA en n'y accueillant plus les enfants à partir de la sixième, comme c'était le cas auparavant, mais en négociant une entrée en quatrième, afin de tenter de conserver au maximum une scolarité classique. Il faut dire que les SEGPA ont été sujettes à polémique. On leur reproche notamment de céder à une certaine ségrégation sociale, puisqu'un enfant vivant en foyer ou en famille d'accueil a quatre fois plus de risques d'intégrer une SEGPA, et celui qui appartient à une famille récemment immigrée ou à une fratrie nombreuse, deux fois plus. Autrement dit, il existe, en filigrane, une dimension ethnique et sociale du dispositif.

Quant aux classes **ULIS** (unités localisées pour l'inclusion scolaire) présentes dans certains établissements, elles permettent aux élèves en situation de handicap de bénéficier d'une scolarisation adaptée au sein d'un cursus ordinaire. Elles ont pour vocation d'accueillir des élèves présentant différents handicaps (troubles autistiques, troubles de la communication, troubles sensoriels, troubles moteurs…) dans un environnement réduit, tout en favorisant leur insertion, plus ou moins partielle, au sein d'une classe de type « classique ».

Selon le ministère de l'Éducation nationale, le nombre de classes ULIS a connu une nette augmentation ces dernières années. Ainsi, en 2022, on recensait près de 10 300 classes ULIS dans toute la France[4]. Ce chiffre peut sembler important, mais il reste à relativiser quand on le compare aux quelque 254 000 classes dites « normales ». À savoir que tous les élèves en situation de handicap ne passent pas nécessairement par ces classes. Loin de là même, puisque celles-ci disposent d'une capacité d'accueil limitée à une dizaine d'élèves (ce qui nous donne 45 000 places) alors que les dernières statistiques ministérielles indiquent que près de 500 000 élèves en situation de handicap sont scolarisés[5].

Se pose alors la question de la formation des professeurs. Si un enseignant accueille un ou plusieurs élèves en situation de handicap au sein d'une classe, quid du reste de la classe ? Le rôle premier de l'enseignant est la transmission des savoirs, pas d'être éducateur spécialisé ni infirmier. Ce n'est pas une question de volonté, mais tout simplement d'incapacité : il est impossible de tout « être » en même temps. Ce n'est pas une question de « faire », encore moins une question de « bien faire », mais bien une question d'« être ». Qui suis-je ? Et quelle est ma mission ?

Même en étant doté de la meilleure volonté pour porter toutes les casquettes à la fois, il est déconcertant de faire cours à sa classe tout en ayant un œil attentif sur les cas particuliers. L'idée est louable... mais, dans la pratique, c'est compliqué à appliquer quand Kylian lance un capuchon dans l'œil de Jeanne, tandis que le petit Erwan se tape la tête contre l'arête du mur à cause du volume sonore trop élevé de la classe.

Attention, je ne remets ici nullement en cause l'envie d'inclure au maximum les enfants porteurs de différences. L'intention est des plus vertueuses, mais comment être partout à la fois ? Pour que l'inclusion puisse fonctionner convenablement, il faudrait que les effectifs concernant le nombre de professeurs ou d'éducateurs véritablement spécialisés soient élargis. L'école a fortement tendance à dénuder Paul pour habiller Jacques (quand elle ne déshabille pas tout le monde et s'en va avec les frusques des uns et des autres).

Si les élèves d'ULIS ont la chance de bénéficier, dans l'ensemble, d'un accompagnement renforcé et personnalisé, qu'en est-il des 350 000 autres élèves en situation de handicap qui, eux, ne bénéficient d'aucun soin particulier, si ce n'est le sacro-saint dogme de l'adaptabilité des savoirs aux spécificités de chacun ? Parfois chanceux, ils sont accompagnés d'un AESH (accompagnant d'élève en situation de handicap). Mais, ici encore, les réductions d'effectifs se font chèrement sentir. Un élève n'est en moyenne suivi qu'une heure sur deux (voire le plus souvent qu'une heure sur trois). C'est alors aux familles de sélectionner les matières à privilégier, puisque tous les cours ne pourront être couverts, pour finalement boucher les trous en fonction des disponibilités de l'AESH en question (qui devra jongler parfois entre plusieurs établissements). L'acronyme n'a pour l'instant que bien peu à voir avec son homonyme « Ulysse » : l'Éducation nationale promet des océans et n'offre, in fine, que des flaques.

La création des **MDPH** (maisons départementales des personnes handicapées) est une conséquence de la loi de 2005 sur l'égalité des droits des personnes handicapées[6]. Les MDPH deviennent alors le cœur vibrant de cette démarche d'inclusion. L'Hexagone dispose de 102 maisons disséminées un peu partout à travers le territoire[7]. Celles-ci centralisent l'accès aux aides disponibles et, minces fils d'Ariane, offrent un semblant de salut au quêteur qui, perdu et anéanti, tente d'échapper au dédale des démarches à suivre. Par ailleurs, elles ont également pour mission d'évaluer les besoins spécifiques de chaque personne, tout en assurant la coordination entre les services médicaux, éducatifs et sociaux. Ce sont elles qui gèrent le contingent d'AESH.

Difficile d'aborder le rôle de l'**AESH** au sein d'une classe. Elles (je m'excuse auprès de la gent masculine mais, pour une fois, laissons le « sexe faible » l'emporter, puisque à plus de 90 % le métier est exercé par des femmes[8]) sont censées être invisibles et limiter au maximum leur interaction avec l'enseignant ou les autres élèves, afin d'être le plus discrètes et efficaces possible. Cela dit, cette retenue souvent réelle n'empêche nullement l'échange d'un sourire complice ou étonné au gré des aléas qui rythment le cours.

D'une certaine manière, elles sont à la frontière entre deux mondes : seule autre adulte dans la pièce, elles sont pourtant placées de l'autre côté du bureau, assises au milieu des élèves et, comme eux, obligées parfois de subir le cours. C'est d'ailleurs une chose toujours un peu amusante d'entendre une AESH dire, au détour d'un couloir : « Pas cet après-midi, j'ai contrôle d'histoire-géo. »

Malgré un recrutement massif pour porter à 80 000 leur effectif[9], les AESH ne sont pas suffisamment nombreuses pour subvenir aux besoins. Pourtant, elles sont plus qu'indispensables. Elles interviennent aussi bien auprès d'élèves présentant des troubles du spectre autistique que montrant des difficultés de langage, d'attention ou de compréhension. Elles peuvent également être sollicitées en cas de handicaps moteur ou visuel… et la liste n'est pas close !

Et diantre, que ces petites mains nécessaires à la bonne insertion sont mal payées ! On se plaint souvent du salaire des professeurs (et à juste titre !) mais que dire du leur ? Parce que, au sein de la maison Éducation nationale, les AESH flirtent avec une précarité systémique. Environ 80 % sont employées par le biais d'un contrat précaire : contrats à durée déterminée (CDD) ou contrats aidés[10]. Sans compter qu'elles ne disposent jamais d'un temps plein, le ratio horaire se situant plutôt aux alentours de 24 heures par semaine… Mais à cette spécificité, déjà pas si simple, s'en ajoute une autre : si plus de la moitié d'entre elles sont recrutées par l'Éducation nationale, le restant est employé à travers des associations, des collectivités territoriales ou encore certains établissements médico-sociaux. Trois AESH peuvent coexister dans une même pièce et aucune n'aura le même contrat.

Bien souvent, cette précarité professionnelle va de pair avec leur précarité sociale. Une grande partie d'entre elles sont des mères qui, après avoir fait le choix d'élever leurs enfants, profitent que ceux-ci soient désormais grands pour reprendre le chemin de l'emploi et se rendre « utiles » aux autres. Peu sont motivées par le seul souci pécuniaire, tant le salaire est dérisoire. Il est d'ailleurs navrant de constater à quel point l'État ne compte que sur le bon vouloir de ces femmes (et de ces hommes, ne les oublions tout de même pas !) pour assurer le maintien en classe des élèves en situation de handicap.

Une autre problématique se pose : quid des plus jeunes qui souhaiteraient en faire leur métier ? Parce que, avec des plages horaires qui empêchent de viser un deuxième emploi et la difficulté d'obtenir un temps plein, qui peut prétendre à vivre décemment avec un salaire moyen inférieur au SMIC[11] ? Nous ne sommes pas dans un monde où les chocolatines ne coûtent que 10 centimes (n'en déplaise à M. Copé !). Et ce n'est pas parce qu'on a la délicatesse de ne pas envisager ce métier uniquement sous son aspect financier que cela exclut toute forme de fatigue ou de lassitude.

Surtout que dans bon nombre d'établissements, les AESH ont souvent un rôle de courroie de transmission. Il manque un surveillant ? *Paf !* On leur demande parfois de prendre sa place. Vous êtes en train de songer à l'enfant qu'elles auraient dû accompagner ? Tant pis ! Pour cette fois, il se débrouillera tout seul. Idem quand le gardien de la loge prend sa pause, idem quand le téléphone de l'accueil sonne… Elles sont la rustine de l'Éducation nationale, on les met là où le trou est béant, priant pour que ce colmatage provisoire tienne.

En temps normal, leur quotidien est surtout défini par la personnalité de l'élève (ou des élèves) qu'elles suivent. Des liens se créent avec lui, même s'il m'est parfois arrivé de constater que face à des cas d'enfants particulièrement agressifs, l'AESH a tendance à servir de punching-ball – vous me direz, c'est un lien comme un autre… mais je parlais plutôt de relation de confiance ! D'ailleurs, dans l'ensemble, le duo se passe plutôt bien et les AESH sont souvent très bien accueillies par les autres élèves de la classe.

Pour la petite anecdote, je me rappelle qu'au tout début de ma carrière je n'accueillais pas moins de trois AESH dans ma classe… en même temps ! Autant dire qu'il fallait pousser les tables et les chaises pour caser tout ce beau monde… et nous n'y sommes jamais arrivés ! Enfin, si, mais au prix d'un aménagement peu conventionnel : un élève, particulièrement bavard, a vu son pupitre positionné en partie dans la classe, en partie dans le couloir. Autant allier l'utile à l'agréable.

La lourdeur des dispositifs « light »

Selon la Fédération française des « **dys** » (FFDYS), la France compterait 7 à 8 % d'élèves souffrant de troubles « dys »[12]. Cette grande famille regroupe une série de troubles d'apprentissage : la dyslexie (pour la lecture), la dyspraxie (pour l'écriture), la dysphasie (pour l'élocution), la dyscalculie (pour ce qui concerne la numération et le calcul), ainsi que la dysorthographie (pour placer les lettres dans le bon sens). Ainsi, 4 % des enfants d'une classe d'âge seraient dyslexiques, 3 % dyspraxiques, quand un peu moins de 2 % pourraient être considérés comme dysphasiques. Il arrive que ces troubles soient associés. Quel que soit leur degré, ils entraînent des retards dans l'acquisition des connaissances et donnent la sensation aux élèves d'être des « cancres ».

Quelles solutions peut alors apporter l'école ? À défaut d'une AESH patiente pour accompagner le plus souvent l'élève souffrant de « dys », la plus courante est la mise en place d'un **PAP** (plan d'accompagnement personnalisé). Sur le papier, cela paraît louable, mais en vrai, l'affaire est un peu moins simple à instaurer. Cette mesure ressemble beaucoup à un pot-pourri de solutions plus ou moins adaptées. Et quand elles le sont « plus » que « moins », elles ne sont tout simplement pas réalisables. Dans celles qui restent faisables, ne jetons pas la pierre à tout : certaines se révèlent parfois utiles (temps supplémentaire ou consignes reformulées), mais en général elles relèvent du simple camouflage.

Parce que la sphère des « dys » est tout à la fois un méli-mélo de difficultés réelles demandant de véritables adaptations (qui vont plus loin que des mesurettes de colmatage) et le fourre-misère de toutes les paresses. Un enfant ayant du mal à mémoriser les terminaisons des verbes irréguliers est incité à rejoindre, lui aussi, l'accueillante nasse de la famille « dys ». Et qui dit « trouble » dit « spécialiste » : orthophoniste, psychomotricien, ergothérapeute, thérapeutique par l'hypnose ou par l'homéopathie, tout y passe et rien n'y fait !

En moyenne, chaque classe possède au moins un ou deux élèves en situation de PAP. Concrètement, cela signifie pour le professeur qu'il doit adapter son cours aux spécificités de l'élève. Pour deux, on peut se dire que ce n'est a priori pas bien méchant (et encore, cela demande quand même une bonne organisation et une anticipation hors norme pour penser à la photocopie en police 14 !). Mais il m'est déjà arrivé d'avoir plus de 10 PAP (différents, sinon c'est moins drôle) au sein de la même classe. Cela exigeait de faire des cours et des contrôles strictement personnalisés. Tous les jours. Autrement dit, les adaptations qui, sur le papier, sont ultra spécialisées se résument le plus souvent par manque de temps à des questions en moins et à des polycopiés avec taille et police d'écriture adaptées pour les dyslexiques. Le professeur, de plus en plus, est incité à personnaliser l'approche, alors même que ses heures de cours sont grignotées. Encore une fois, que l'État assume ses failles ! Il ne peut décemment promettre une inclusion sur mesure, quand le professeur ne dispose ni des formations spécifiques, ni du matériel et du temps nécessaires. Cette dichotomie entre les promesses et le réel crée notamment des tensions avec les parents, qui ne comprennent pas que leur enfant ne soit pas placé au centre des attentions.

C'est qu'en plus des PAP à aménager, il y a aussi les cours « traditionnels » à assurer.

Mais là où la grogne se fait perceptible, c'est que le respect desdites adaptations vise moins à faire progresser l'élève qu'à lui permettre d'obtenir des notes plus satisfaisantes. On achète, sans frémir, la paix sociale.

L'élève, comblé, vient d'obtenir un 14 sur 20, alors qu'il serait resté sous la moyenne s'il n'avait bénéficié du long cortège des aménagements. Cette illusion de progrès l'incite souvent à se reposer sur de bien fragiles lauriers. Pourquoi faire plus si, finalement, le minimum suffit ? D'ailleurs, il faut voir avec quel entêtement certains élèves inscrivent, juste en dessous de leur prénom, en gros, en rouge et surlignée, la mention « PAP » sur le contrôle qu'ils vous rendent. Le PAP devient un dû. Il suffit de prendre au hasard n'importe quel professeur et de lui demander son avis sur le dispositif. Beaucoup vous diront qu'un PAP ne fait sens que s'il est envisagé comme une béquille temporaire. S'il perdure – sans remise en question – au long cours, il se transforme bien souvent en malus, l'élève s'enfonçant dans une confortable paresse.

Ultime paradoxe, la fin du PAP est souvent brutale. Afin d'éviter un passage forcé en troisième et un échec prévisible au brevet, le dispositif est ôté lors du second trimestre de quatrième afin que les notes chutent et que l'élève et sa famille se rendent compte que le niveau « nécessaire » est loin d'être atteint. Le procédé a quelque chose de cruel, mais laisser jusqu'au bout les étais, c'est prolonger le mensonge avant l'inévitable chute. Le professeur fait comme il peut entre les injonctions diverses. Quant à l'enfant, il est souvent inconscient des petites manœuvres de la cuisine interne. Au fond, le dindon de la farce, c'est lui.

Mieux vaut essayer de décrocher le **PPS** (projet personnalisé de scolarisation), qui, à l'inverse du PAP, est accordé par la MDPH et cible les élèves en situation de handicap. Les adaptations sont plus ou moins similaires à celles du PAP, mais cette fois-ci c'est le corps médical et non plus le corps enseignant qui décide de sa mise en place. Parfois le PPS est complété par la présence d'une AESH. Voilà pour le principe, passons maintenant à la pratique.

Selon les statistiques du ministère, environ 6 % des élèves bénéficieraient d'un PPS[13]. Le dispositif s'envisage sans frémir comme une pierre angulaire de l'inclusivité. Mais à l'inverse du PAP, son processus d'obtention est un long parcours semé d'innombrables embûches.

En premier lieu, la commission des droits et de l'autonomie des personnes handicapées (CDAPH) évalue les besoins réels de l'enfant et décide s'il peut, oui ou non, bénéficier dudit dispositif. Certains sont recalés, et dans ce cas, il faut retourner à la case départ et trouver les ressources nécessaires pour contester la décision. Si vous faites partie des « acceptés, validés, tamponnés », la suite se met en branle : à savoir une concertation commune pour l'élaboration d'un PPS adapté, ainsi que l'échange des signatures entre les équipes pédagogiques et les parents. La bague en moins. Les PPS ont ceci de remarquable qu'ils sont mieux ciblés et ne confortent pas l'enfant dans une certaine forme d'attentisme. Il arrive aussi que des élèves bénéficient tout à la fois d'un PAP et d'un PPS. Cette double attribution n'apporte pas grand-chose puisque les aménagements de l'un ressemblent grandement aux aménagements de l'autre. C'est doubler les contreforts avec des briques de papier. Ici, on frôle la gratuité du décorum. Mais enfin, cela ne fait de mal à personne, et puis ne dit-on pas que les effets du placebo sont réels ?

« Au secours, mon enfant est un génie »

Le **HPI** (haut potentiel intellectuel) est l'arnaque de la décennie. À écouter les parents, chaque enfant ayant un souci d'apprentissage ou un problème de comportement le serait.

— Paul a 0 en maths et 3 en dictée ?! Mais voyons, ce n'est pas parce qu'il ne travaille pas, c'est parce qu'il est HPI. Comme la série télé !

— Mathilde vous a craché dessus ? Oh là là, c'est sans doute le syndrome de sa « particularité ». Elle est HPI, vous savez ?

Et l'enfant de vous regarder en coin, l'air retors, pas bien convaincu de sa « particularité », mais puisque ses parents lui répètent en boucle que c'est un génie, il doit bien l'être ! Et tant pis pour l'évidence des notes.

Quant à nous, pauvres professeurs dotés d'un QI des plus médiocres, il ne nous appartient pas de juger le divin enfant. Qu'on le laisse en paix, il s'éduquera tout seul puisque, de toute manière, ses capacités le lui permettent.

Sur les milliers d'enfants qui ont défilé dans mes classes, seule une était véritablement HPI. Franchement adorable, elle lisait (en sixième) des manuels de procédures chirurgicales ou des atlas stellaires.

Mais si votre rejeton ne manifeste ni aptitude remarquable ni appétence culturelle marquée, peut-il serait-il bon de réviser (du moins un tantinet) le diagnostic.

VIII
Les sorties scolaires : moments de tous les dangers !

Les élèves s'en font une joie, mais, côté enseignant, c'est une autre affaire. Contrairement à l'idée reçue, le prof ne rêve pas de passer sa journée dehors, à accompagner les enfants en sortie scolaire ! Non seulement cela lui demande une énergie incommensurable sur le moment et une attention qui nécessite une prescription de vitamines un mois avant et un mois après pour récupérer, mais encore la paperasse pour organiser ces joyeusetés rebuterait le plus assidu et le plus passionné des administratifs zélés. Néanmoins les voyages forment la jeunesse... alors allons-y gaiement !

Les préparatifs

Avant toute chose, il faut obtenir l'**attestation signée** par les parents. C'est LE papier indispensable, le sésame qui permet à l'élève de ne pas rester seul en permanence pendant que le reste de la classe sort, et au professeur d'alléger sa charge mentale en matière pénale. En effet, il n'aura pas à s'effrayer du pitbull croisé ou des petits chemins forestiers. Ce simple bout de papier le protège officiellement d'une grande partie des incidents qui pourraient se produire à l'extérieur. Mais récupérer toutes les fiches est une gageure. Comme pour récolter l'argent des sorties scolaires : vous savez quand la quête commence, jamais quand elle finit.

Autant obtenir une signature peut se révéler fastidieux, autant demander aux élèves de préparer un **pique-nique** est d'emblée chose acquise ! Il ne reste plus qu'à les regarder le déballer pour vivre une expérience à la frontière de la sociologie. Il y a ceux qui trimballent de quoi nourrir tout un régiment et ceux qui ont à peine de quoi remplir l'estomac d'un moineau. Il y a les sandwichs triangles qui fleurent bon l'autoroute, et les gamelles sophistiquées des mères de famille qui tentent d'introduire une nourriture saine jusque dans les forêts du Vexin. Mais, en règle générale, c'est plutôt le règne de la malbouffe : chips, guacamole industriel, gâteaux, bonbons, biscuits apéritifs, bouteilles de Coca et autres sodas tiédis au soleil.

Puis il y a les professeurs mendiants (c'est mon cas) qui comptent sur la seule générosité des élèves pour se sustenter : une fin de paquet de chips, une boisson à demi entamée, un sandwich pas encore ouvert… Pourquoi s'embêter à préparer son repas quand l'on peut finir les restes dans une démarche tout à la fois écologique et anti-gaspi ?

Chauffeur, si t'es champion… !

Autre question qui se pose : le moyen de locomotion… La seule règle qui prévaut est : le moins cher possible (comme pour le reste d'ailleurs) !

— **À pied** ?! Vous êtes sérieuse ?! Genre on va marcher jusqu'au cinéma qui est au loin tout là-bas ?

Le cinéma « au loin » n'était qu'à 600 mètres. Nous avons mis plus de trente minutes pour y aller.

Bien souvent, les usagers des **transports publics** nous haïssent ! Ne le niez pas, cela se voit comme la verrue sur le nez de la sorcière ! La simple vue du troupeau d'exaltés qu'on tente à toute force de bourrer dans les rames du tram ou du métro – pire : dans l'allée centrale d'un bus –, sans en perdre aucun dans le processus, suffit à faire frémir tous les passagers. Nombreux sont ceux dont la première réaction est le sursaut indigné, voire le pincement de lèvres qui ne dit pas son nom. Après de telles marques de mépris, comment s'étonner que les élèves, peinés, ne les jugent et finissent par se moquer ? Ce n'est que pure justice rétributive.

Auparavant (ne serait-ce qu'au début du XXIe siècle !), les sorties scolaires servaient à faire moult simagrées et autres singeries à la voiture qui avait, pour seul et unique tort, de suivre le **car scolaire**. De nos jours, les enfants s'agitent une ou deux minutes, observent leur nouvel environnement (un bus est forcément VIP, pour peu qu'il ne montre pas des sièges défoncés), s'amusent deux ou trois fois à lever et abaisser les accoudoirs, sortent en douce les paquets de chips, en font tomber par terre, gloussent, les écrasent un tantinet pour faire disparaître les preuves. Bref, on croit que le chahut n'est pas près de s'arrêter. Mais, sans qu'on y prenne garde, le silence s'installe. Encore émaillé ici et là de quelques rires quand, soudain, les seuls à parler dans l'habitacle sont les accompagnateurs. Un peu inquiet, on se retourne, et s'offre à nous le panorama d'une multitude de têtes baissées, rétroéclairées d'une lueur bleuâtre ou violacée et totalement indifférentes aux puissantes berlines qui doublent impunément, sans même une grimace.

Premiers émois au musée

Imaginez arpenter les salles du **Louvre** dédiées à la peinture de la Renaissance. Il se trouve qu'en même temps que vous une classe de seconde scrute les toiles. Vous auriez pu alors entendre ces aimables propos qui résument, à eux seuls, la période :

— Vas-y, y a de la chatte !

Dans une démarche de pédagogie active, une bienveillante professeure a eu la malencontreuse idée de demander aux lycéens d'une de ses classes de préparer eux-mêmes leur sortie scolaire. Elle imaginait pouvoir ainsi allier intérêt culturel et goûts de ses élèves. Mais qui dit responsabilité collective ne dit pas forcément choix rationnel ! Au contraire, sachez qu'en de pareilles initiatives il faut s'attendre aux destinations les plus… exotiques ! J'eus en effet l'étonnement de constater qu'à la quasi-unanimité la classe avait décidé d'organiser une sortie au **centre commercial** *La Vallée Village*… Aucun musée, aucune institution culturelle, aucun parc ne pouvait supplanter en leur âme ce fou désir consumériste. Nous avons passé la journée à déambuler à travers les allées éclairées de ce temple capitaliste, eux visiblement ravis de visiter boutique sur boutique.

La culture est bien vite remplacée !

Rempile la bobine !

Les hasards du dispositif « **Collège au cinéma** » m'ont fait accompagner une classe à une séance des *Parapluies de Cherbourg*, dans le petit cinéma d'art et d'essai local. Une fois les élèves installés – « Non, Sofia, il n'y aura pas de pop-corn ! Mehdi, tu ranges ton portable et toi, Sandro, tu cesses de te retourner ! Je ne veux pas savoir que tu trouves qu'il a une sale gueule ! Mattéo ! Tu lâches ces ciseaux et tu t'éloignes des cheveux de Leelou ! » –, le film commence sous leur regard plus que circonspect. Un jeune chanceux placé à mes côtés se penche vers moi au bout d'une trentaine de minutes :

— M'dame, c'est qui qui choisit les films ?

— Je n'en ai aucune idée. Ce n'est pas moi en tout cas… Alors ne cherche pas une manière détournée de te plaindre si le film ne te plaît pas.

— C'est pas ça…

— C'est quoi alors ?

— C'est que, dans leur film là, il n'y a ni Noir ni Arabe.

Il faut dire que ladite classe venait d'un établissement d'éducation prioritaire.

Prétextant la volonté d'étoffer leur culture cinématographique, « Collège au cinéma » n'a cessé de proposer, cette année-là, des chausse-trapes audiovisuelles ! Après la comédie musicale qui mise tout sur la blancheur intégrale, il ne nous manquait plus que les poulets en pâte à modeler. Ce fut chose faite ! *Chicken Run* a été, pour moi, une longue souffrance. À chaque instant, je me demandais combien d'élèves allaient en ressortir avec un syndrome de stress post-traumatique. Des poulets partout, tout le temps ! À piailler, à crier, à tourner leur popotin mal modélisé. Pour avoir en guise de seul commentaire à la sortie de la salle : « P'tain, j'ai envie de manger des nuggets. »

Heureusement, le professeur est maître de sa liberté pédagogique et peut donc rattraper quelque peu les dégâts en classe. Gloire soit ici rendue au miraculeux film de Julie Taymor, ***Titus*** ! Parce que, après *Gladiator* et *La Cité disparue de Pompéi*, le professeur latiniste ne sait plus à quel saint cinématographique se vouer et cherche en vain une pâture audiovisuelle à livrer à ses élèves. Là, idée de génie, je décide de leur montrer *Titus*. En survolant sa fiche Allociné, je me rends compte que l'œuvre est une adaptation stricto sensu de la pièce de Shakespeare. Autant mêler l'utile à l'agréable : voici l'occasion rêvée pour montrer comment tout s'imbrique et se croise entre Antiquité, théâtre élisabéthain et cinéma contemporain !

Je fais croire aux enfants, que je sens décidément peu convaincus, que j'ai déjà vu le film et qu'il est génial. C'est un pieux mensonge, mais la présence d'Anthony Hopkins suffit à légitimer le bien-fondé de cette audacieuse assertion. C'est ainsi que des troisièmes ébahis ont découvert que les Romains circulaient déjà à moto sous la dynastie des Flaviens, pendant que leurs épouses portaient des bustiers Jean-Paul Gaultier en aluminium doré. Ce fou rire partagé reste en toute honnêteté l'un des sommets de ma carrière pédagogique. Des années après, certains élèves m'en reparlent. Ô toi, lecteur de ce livre, visionne *Titus* ! C'est méchamment barré.

La forêt, lieu de tous les dangers…

— Qui m'aime me suive et en avant !

À rebours de l'Éducation nationale, j'ai une conception très particulière de comment mener un groupe de 30 élèves à travers les chemins forestiers. Et puisque le manque de préparation ou les sous-effectifs font que l'on flirte souvent avec l'illégalité, à chacun sa technique pour n'en perdre aucun. Surtout quand le ratio n'est que de trois professeurs pour 90 élèves et que les élèves en question se séparent pour mener une absurde chasse au trésor dans les **forêts** du Vexin. Face à ce défi, j'opte pour une tactique imparable : la responsabilisation de masse. Finies, les interminables minutes d'angoisse à chercher des enfants taquins à travers la courbure des pins. Il est temps que la peur change de camp ! Il suffit pour cela de si peu, à peine un susurrement distillé en début de sortie :

— Bien, je suis seule, vous êtes 30. Je préfère tout de suite vous prévenir que je compte tracer et tant pis pour vous si vous vous perdez ! Je me suis renseignée, il s'avère que l'État est en tort, mes petits ! Donc, si l'un d'entre vous se perd, zigzague indéfiniment entre les chênes ou se fait becqueter par un écureuil enragé, cela ne me concerne nullement. Si vous voulez vous en sortir vivant, vous me suivez ! Dans le cas contraire, je m'en tamponne le coquillard et on retrouvera votre cadavre au printemps ! Manipule, en avant ! Marche !

La méthode fonctionne, je n'en ai encore perdu aucun.

Les dommages collatéraux

Guides martyrisés

Je ne résiste plus à l'envie de partager avec vous un souvenir glané lors d'une mémorable visite à la basilique Saint-Denis avec une classe de quatrième. Après avoir longé à pied une bretelle d'autoroute (pour les parents inquiets qui se demanderaient comment la sécurité de leur marmot a été assurée, veuillez vous reporter au chapitre précédent, en forêt), nous sommes enfin arrivés sur place. Entre-temps, il a fallu récupérer un gamin qui avait tenté de se faire la malle pour s'improviser un petit McMorning sur le coup de 10 heures. Nous retrouvons au complet la conférencière sur le parvis. C'est elle qui a la lourde tâche de nous guider à travers les merveilles de la statuaire de type gothique et Renaissance. La guide – typique Versaillaise – parle haut et d'une voix chuintante. Il est vrai que son col Claudine m'inquiète un peu pour la suite, mais enfin sa présence a ceci de bien qu'elle m'autorise une légère baisse de vigilance. La visite débute et la guide tente d'expliquer aux gosses la vie des rois qui reposent, inertes, dans la basilique désertée. Les gamins s'entassent les uns après les autres autour des gisants, froids cadavres de pierre, et certains tentent même d'effleurer du bout des doigts les statues ; cela a pour immédiat corollaire d'émouvoir notre guide, qui s'affole :

— On ne touche pas aux monarques !

— Ils s'en foutent pas mal, ils sont morts.

Un gamin pouffe, je pouffe, ma collègue pouffe et l'ensemble de la petite troupe s'achemine gaiement vers le prochain gisant. Afin que ma collègue et moi puissions, nous aussi, bénéficier des caractéristiques sculpturales du drapé propre au burin du XIVe siècle, nous attendons que les élèves se dirigent vers la deuxième statue pour nous approcher de la première. On contemple, on s'extasie et on se retourne. Un étonnant silence nous entoure soudain. L'intégralité de la classe a disparu ! Légèrement surprises, mais assez peu inquiètes, nous partons à leur recherche. Nous fouillons le rez-de-chaussée, grimpons à l'étage, descendons dans la crypte, avant de ressortir par le petit jardin accoté aux flancs de la basilique. Personne. Un ange passe.

— On doit se tourner autour, en haut quand la classe est en bas et en bas quand la classe est en haut.

Nous retournons à l'intérieur de la basilique et redescendons les marches de la crypte assombrie, quand – oh, joie ! – nous entendons enfin des rires répercutés par l'écho de la voûte, ainsi qu'une phrase qui se répète en boucle : « Dame Béatrice, la pouffiasse ! Dame Béatrice, la pouffiasse ! » Ne nous mentons pas, cela ne sent guère bon. Nous nous précipitons au bas des marches. Là, je constate la troublante ressemblance de la conférencière avec la châtelaine interprétée par Valérie Lemercier dans *Les Visiteurs.* Malins, les enfants l'ont perçue avant moi. Voici que « Béatrice » virevolte en ma direction :

— Quand on sort de pareils animaux, on les tient !

Je m'indigne, ma collègue aussi, et, d'orgueil blessées, nous prenons les enfants sous le bras et rentrons. In fine, à part la conférencière, tout le monde est reparti content du voyage.

En parlant de conférencière, je me souviens d'une autre qui, très fière à l'idée de démontrer les singularités acoustiques de la grande salle d'un château, avait trouvé de bon ton de sortir de son sac en coton bio une enceinte portative aussi grande qu'un mini Babybel. La portée toute relative de la baffle ne s'est, hélas, pas révélée suffisante pour les trois classes de quatrième qui se trouvaient attroupées devant elle. Pourtant, rendons à César ce qui appartient à César, les élèves s'étaient montrés bien mignons, se regroupant sagement autour de la guide en espérant entendre, eux aussi, le mince petit filet de musique médiévale qui s'écoulait. Hélas, tous les efforts du monde ne purent augmenter le son entendu et, à part l'air visiblement réjoui de la conférencière qui s'enjaillait toute seule, rien ne parvenait jusqu'aux oreilles des collégiens qui en ont eu assez de tendre le cou en vain. L'un d'eux a osé se plaindre à notre hôtesse :

— Madame, on n'entend rien ! Votre enceinte est trop petite !

Cette remarque a priori anodine a suscité pourtant de noirs remous.

— Ah oui ?! Et ta bouche ? Si tu la fermais, tu pourrais entendre !

— Viens, mon loulou, quittons cette folle et mettons Jul à fond les ballons jusqu'à ce que les châteaux français en frémissent et leurs guides avec !

Zut, de la casse

— Écroulé dans le fossé, l'os de la jambe fracturé.

C'est par ces mots que nous apprenons que la sortie scolaire menée par des collègues ne s'est décidément pas bien déroulée. Malgré l'avertissement réitéré des encadrants, qui avaient formellement interdit aux élèves de prendre leur élan et de sauter par-dessus un fossé qui délimitait l'enceinte d'une station-service, un jeune agité du bocal a trouvé bon de s'élancer dans ce qu'il souhaitait être l'accomplissement subversif de sa jeune vie de collégien. Hélas, le saut a été trop court, la jambe est retombée en un angle maladroit. Résultat, le car est reparti, une **ambulance** est venue, l'élève a été opéré en urgence loin de ses parents et un professeur n'est pas rentré chez lui afin de rester au chevet du malheureux.

Je touche du bois, je touche du bois… Loin de moi ce genre de péripéties !

IX
Dans les méandres de l'Éducation nationale

La fonction première de l'école est de former les futurs citoyens de demain, de transformer la matière brute de l'enfant en individus sains, équilibrés, conscients de leur place dans le monde et des enjeux de la société qui les attendent. Du moins, voici les belles promesses gravées non sur la pierre, mais sur le papier. Autant dire, il en reste peu de choses… Parce que pour tenir cet ambitieux serment, encore faudrait-il que l'école elle-même puisse offrir une image d'exemplarité. Las, pour l'instant, elle offre le spectacle d'une machine disloquée, affolée, dont la tête tire à gauche et la croupe à droite. Pas évident de faire sens quand la structure même se débine et s'en va, cahin-caha, à vau-l'eau.

Le choc des titans : public vs *privé*

En France, sans sombrer dans un manichéisme primaire, deux systèmes coexistent : l'**école publique** d'un côté, et l'école privée de l'autre.

Penchons-nous sur le public, qui pèse pour plus de 80 % dans la balance[1] ! Entièrement laïc et financé par l'État, conformément aux valeurs de la République, il se doit d'accueillir tous ceux en âge d'être scolarisés, selon une « judicieuse » répartition basée sur la carte scolaire. Pour faire simple, les enfants sont affectés dans l'établissement du secteur du lieu de résidence de leurs parents – ne pensez pas que ce soit au plus près du domicile, ce serait trop simple ! Dans les faits, ce mécanisme qui vise à organiser de manière rationnelle la répartition scolaire porte en lui de bien nombreuses failles. En limitant la possibilité pour les familles de choisir, la sectorisation renforce les inégalités sociales et ne prend que (trop) rarement en compte les besoins spécifiques de l'élève. Les parents qui souhaitent contourner ces contraintes doivent solliciter des dérogations dans un processus aussi complexe qu'aléatoire. Pas étonnant que de nombreuses familles se tournent vers le privé.

Longtemps, l'une des principales différences entre l'école publique et l'**école privée** (en plus de la prétendue supériorité de la seconde) résidait dans le nombre d'élèves accueillis par classe. De nos jours, la distinction n'est plus si évidente, puisque, écrasé sous les demandes, le privé croule et ploie sous sa propre masse[2]. Ainsi les parents sont parfois quelque peu étonnés, en déambulant au sein des établissements privés, de constater que l'abondance n'y est plus de mise. Mais où va donc l'argent ? Qu'ils se rassurent : pas dans la poche des enseignants !

La concurrence est-elle alors vraiment si déloyale ? L'enseignement privé sous contrat regroupe environ 2 millions d'élèves, soit 17,6 % des effectifs scolarisés[3]. Cela ne paraît pas si énorme. Néanmoins, dans certains quartiers, sa part finit par empiéter sur les plates-bandes d'un public longtemps roi, mais dont l'étiquette de violence lui colle maintenant aux basques. Certains parents (notamment ceux des filles) préfèrent offrir à leur progéniture le « confort » d'une école qui se veut a priori sans racket ni fréquentations indésirables. Ce choix a pour corollaire de vider les classes du public de sa partie féminine, et il arrive parfois que l'on y enseigne à des classes quasi uniquement composées de garçons. Autant dire que l'ambiance s'approche davantage d'un vestiaire d'après-match que du calme d'une salle de classe ! Sans compter que les filles restantes, en sous-nombre, ne savent plus où se mettre dans une ambiance chaque jour davantage testostéronée.

Parce que, en matière de performance et de classement, l'école publique fait le grand écart. Qu'y a-t-il de commun entre un lycée parisien prestigieux et celui d'une banlieue défavorisée ? Sur le papier et dans la loi, aucune différence n'existe. Dans les faits, pas besoin d'être grand clerc pour constater le gouffre qui les sépare. Il est faux de dire que le public, à l'inverse du privé, est égalitaire. Il ne l'est pas et ne peut l'être, tout simplement parce que la répartition du territoire, elle non plus, n'a rien d'égalitaire. L'école n'est pas en dehors de la société, elle en fait partie ! Et avec elle se reproduit l'idée d'un certain ordre social. Cela ne pourra changer qu'avec du temps et de la volonté politique.

Dans ces conditions se pose l'épineuse question du financement du privé. L'État couvre 55 % des coûts de fonctionnement pour la primaire et près de 68 % pour les collèges et lycées[4]. L'argent public devrait-il être réservé aux seules écoles publiques ? La réponse n'est peut-être pas si limpide.

Précisons que toutes les écoles privées ne sont pas financées par l'argent public. Les écoles privées sous contrat avec l'État sont les plus nombreuses, les établissements hors contrat étant un peu l'exception. Qui dit « sous contrat » induit que les enseignants sont tenus d'appliquer scrupuleusement les programmes de l'Éducation nationale, comme dans le public, puisqu'ils sont rétribués par l'État. Les collectivités territoriales et d'autres ministères mettent aussi la main à la poche pour aider à subventionner les coûts de fonctionnement et l'entretien des locaux[5]. Le privé hors contrat, quant à lui, se finance tout seul, mais en contrepartie il n'est pas tenu de suivre le programme concocté par l'Éducation nationale. D'ailleurs, je tiens à contrecarrer un mythe : non, les professeurs du privé ne sont pas mieux payés que leurs confrères du public. Au contraire ! Si la somme brute sur la fiche de paie reste la même, le net est loin d'être identique. Cela s'explique par un taux d'imposition radicalement différent ainsi que par le non-versement de certaines primes. En moyenne, comptez 300 euros de moins chaque mois[6]. Soit 3 600 euros de moins à l'année. Soit 36 000 euros de moins en dix ans. Soit 144 000 euros de moins à la fin d'une carrière de quarante ans !

Comment expliquer la popularité croissante des écoles privées, puisque la plupart offrent les mêmes programmes que celles du public ? Est-ce le signe d'un regain d'intérêt pour l'enseignement confessionnel (option facultative qu'on ne trouve pas dans le public) ou la crainte d'envoyer son enfant affronter les stéréotypes d'une école publique au rabais ? Il semblerait que l'engouement pour le privé soit bien le symptôme d'un public en déshérence, pris à la gorge entre obligation scolaire et injonction à l'universalité. En clair, si l'école de la République peine parfois à offrir un environnement propice au travail, ce n'est pas tant à cause de la masse que des trois ou quatre individus qui n'ont rien à faire dans une salle de classe. Toutefois, à l'inverse du privé qui peut se délester d'un enfant instable, le public, lui, est obligé de le maintenir au sein du système, au détriment du reste de la classe qui subit de plein fouet l'obligation d'inclusion, la doctrine du « tout-identique » et l'assimilation au forceps.

Si le gouvernement estime que la prolifération du privé est un inquiétant signal et une véritable menace pour l'égalité des chances, qu'il commence alors à admettre que celui-ci est souvent moins un but en soi que le seul recours face à un public défaillant. Les cas limites ne peuvent être maintenus de force dans un système qui ne sait ni les canaliser ni leur offrir une alternative réellement convaincante. Ils n'y gagnent rien et le reste de la classe perd tout. Pour que les choses changent, il faudrait de l'argent, beaucoup d'argent, et une vraie vision à long terme, afin de réouvrir des établissements adaptés[7] ou, à tout le moins, proposer davantage de classes qui puissent offrir un accompagnement comprenant tout à la fois des enseignants, des éducateurs, des psychologues et parfois même des assistants sociaux.

Alors doit-on vraiment se débarrasser du privé ? Au risque de chagriner quelques laïcards soucieux de la stricte uniformité, que l'on songe qu'il est parfois bon qu'un système propose plusieurs variantes. Surtout quand la principale occurrence possède des carences encore manifestes. Alors, oui, il y a peut-être une forme d'injustice à se dire qu'une scolarisation dans le privé est conditionnée aux ressources financières des parents. Mais faut-il vraiment « sacrifier » tout le monde pour maintenir à n'importe quel prix dans le système ceux qui le pourrissent ?

La laïcité menacée ?

Parmi les écoles privées, ce n'est pas peu dire que les **écoles coraniques** font débat. Elles effraient, elles questionnent, elles interrogent. Untel les voit comme une nécessité finalement assez logique, quand un autre a le sentiment d'apercevoir les prémices de l'islamisme galopant. Et pourtant, elles ne sont pas nouvelles ! Au départ informelles et reliées à une mosquée, elles s'institutionnalisent doucement. Même si un certain flou subsiste encore sur le contenu effectif des programmes qui y sont enseignés, les cours s'axent généralement autour de l'étude du Coran, de l'apprentissage de l'arabe classique et de sa calligraphie. Tout autour gravitent les matières dites « classiques ». Aujourd'hui, près de 90 écoles coraniques sont recensées en France et accueillent chaque année 10 000 élèves[8]. Soit un peu moins de 0,5 % des élèves scolarisés dans le privé. Mais alors, face à des chiffres si bas, qu'est-ce qui justifie un tel effroi ?

Finalement, ce sont surtout l'absence de réglementation convenablement définie et une supervision étatique anémique qui créent quelques inquiétudes. Sans mentionner le fait que la moitié des professeurs qui y enseignent ont suivi une formation à l'étranger.

Cela étant dit, il faut bien constater que nous sommes loin de l'invasion. Surtout quand l'on sait qu'un tiers des élèves fréquentant l'école coranique restent scolarisés dans le système scolaire public et n'y vont que pour des cours du soir. De plus, 13 % de ces écoles disposent d'un partenariat avec un établissement scolaire public pour des activités culturelles et éducatives.

Toutefois, il est vrai que, selon le quartier et la ville, leur présence se fait plus ou moins prégnante. Il m'est déjà arrivé d'entendre qu'un exercice n'avait pu être fait parce que l'élève avait choisi de rendre en priorité les devoirs demandés par l'école coranique qu'il suivait en cours du soir. Quand la chose se renouvelle trop souvent, elle commence à devenir gênante, l'enfant se trouvant dans l'étrange situation de devoir prioriser un établissement au détriment de l'autre.

Alors j'ignore de quoi sera fait demain et si l'école coranique deviendra un jour une sérieuse concurrente de l'école républicaine. En tout cas, je ne l'espère pas ! Parce que l'école n'a de sens que si les différentes classes sociales et les diverses confessions se mélangent. Le creuset républicain, c'est vouloir offrir à chacun la même chance, bâtie sur un savoir commun. Alors, oui, le système est parfois faillible (et souvent perfectible), mais il a le mérite d'exister et de se dépêtrer, comme il le peut, d'une situation pas toujours si simple. Laissons-lui une chance.

La laïcité a ceci de bon que les différentes religions y coexistent. Ainsi, les plus gourmets se réjouissent que la fin du **ramadan** soit aussi fêtée dans le public. C'est l'occasion de s'empiffrer de pâtisseries si gentiment offertes par les collègues ou les familles. Néanmoins, passé l'aspect festif de la chose, l'impact de cette pratique religieuse sur le déroulé des cours peut soulever quelques motifs d'inquiétude ou de débat. Parce que si les élèves musulmans ont le droit de vivre pleinement leur foi, il est impératif que cela ne perturbe pas les enseignements ni n'enfreigne les principes de laïcité. Or, on constate une augmentation de 15 % des absences pendant cette période[9]. C'est souvent la fatigue des élèves qui est en cause, il n'est pas toujours évident de savoir gérer les horaires décalés, la faim et la soif, notamment pour les plus jeunes. Certains élèves somnolent en classe, voire tournent de l'œil (surtout quand les températures montent en flèche). En ce qui concerne les horaires, certains n'hésitent plus à envoyer des messages à 3 heures du matin, afin de vous signifier qu'ils n'ont pas compris un exercice, tout en s'endormant pendant vos cours, une fois 10 heures passées. Alors que faire ?

Revient-il aux établissements scolaires de mettre en place des mesures d'adaptation ? Quelques-uns suggèrent de supprimer contrôles et autres examens pendant le ramadan, tout en proscrivant toute activité pouvant être jugée trop « physique ». Le ministère encourage certains établissements à instaurer des horaires de repas adaptés pour les élèves jeûnant. L'idée est peut-être généreuse et porteuse d'ouverture sur le papier, mais en quoi des horaires adaptés peuvent-ils aider les élèves ? Concrètement, qu'est-ce que cela change ? Écourter la pause du midi pour qu'ils puissent rentrer chez eux plus tôt ? Mais, dans ce cas, que fait-on des élèves non pratiquants ? Ici un casse-tête se pose et la meilleure des choses à faire est peut-être encore de ne rien faire, si ce n'est écouter le bon sens.

Autre sujet polémique : le **voile** dans les écoles. Il reste indéniable que, selon les zones géographiques, sa présence se fait plus ou moins discrète. Assez peu présent au cœur du Quartier latin parisien, le voile est une réalité tout autre en Seine-Saint-Denis. Cela dit, gardons à l'esprit que sa présence se fait moins remarquer à l'intérieur – où il est interdit –, qu'aux abords immédiats de l'établissement. Peu de jeunes filles parviennent à forcer l'entrée voilées, même si le nombre d'incidents au sein des collèges ou lycées a progressé ces dernières années[10]. Si certains activistes des réseaux sociaux (les joies de TikTok !) encouragent leurs followers (sous la forme ludique du défi) à entrer voilées au lycée, ces flambées revendicatrices ne durent souvent qu'un temps, s'estompent, puis reviennent à la prochaine saison. On a connu des modes moins polémiques. Pour l'instant, celle-ci ressemble davantage à des escarmouches qu'à un raid massif sur la République. Mais si l'école souhaite rester le lieu sanctuarisé par excellence de la laïcité, il est tout de même bon de rester quelque peu vigilant.

Voici venu le temps des petits...

Après cette entrée en matière sur l'école publique et privée, parcourons les niveaux, des plus petits aux plus grands et au-delà. Je reconnais, dès à présent, tout ce que ma vision de l'**école primaire** aura d'incertain et de partial. En tant que professeure de collège et de lycée, les arcanes du premier degré me restent closes. Toutefois, comme beaucoup de collègues du secondaire, je me demande parfois ce que peuvent bien apprendre les élèves de primaire pour arriver au collège avec de telles carences.

Il faut concéder que le premier degré n'est pas plus épargné que le second par la dégradation des conditions d'enseignement. Les instituteurs travaillent en moyenne 44 heures par semaine : 24 heures en classe, les 20 heures restantes concernant la préparation des cours et autres activités[11]. Ce n'est pas rien ! Surtout quand vous ajoutez à cela le bruit constant et un stress permanent. Les plus petits ont tendance à avoir la piaillerie décomplexée et à courir partout, tels des poulets sans tête ou des toupies qui auraient perdu leur axe. Que personne n'ose me dire que j'extrapole puisque je les croise dans la cour de récréation (hélas, mitoyenne !).

Ils s'agrippent à vos jambes ou tentent de faire rouler leurs billes sous vos pieds. En un mot comme en cent, ils souhaitent votre mort.

Mais revenons aux chiffres. En France, les professeurs des écoles cumulent plus de 900 heures de cours par an[12]. Ce qui est bien au-dessus de la moyenne européenne qui, elle, se situe à 740 heures ! Avec, rappelons-le, un salaire souvent inférieur à nos collègues des pays limitrophes[13]. Faire plus pour gagner moins, une formule que peu de politiques osent proposer tant la crainte de se faire lyncher est grande.

Ajoutez là-dessus une petite délicatesse supplémentaire : les enseignants sont de plus en plus souvent confrontés à des phénomènes de violence. Plus d'un sur dix déclare être victime de menaces ou d'insultes dans l'exercice de son métier. Quand ce ne sont pas les petits qui braillent, ce sont les parents qui demandent des comptes. Parce que dans la très grande majorité des cas, ces charmantes indélicatesses émanent de la bouche des adultes[14].

Quant au quotidien du métier, il suffit de fermer les yeux et d'imaginer une classe remplie de 20 à 30 élèves (la moyenne nationale est de 22 enfants par classe[15]) et partagée en trois ou quatre groupes aux grandes disparités intellectuelles et comportementales. Pas évident d'apprendre la lecture à des enfants séparés par un abîme ; certains lisent déjà couramment quand d'autres savent à peine reconnaître et tracer des lettres. Rien ne sert de se mentir, ce ne sont plus les mêmes que des décennies en arrière. La technologie est passée par là et les priorités éducatives et sociétales ne sont plus les mêmes : le savoir brut et la discipline ne sont plus au centre du dispositif et s'effacent progressivement. Alors, forcément, ces changements font que les enfants de 2025 ne sont plus les mêmes que ceux d'avant. Pour le meilleur et pour le pire. Ainsi va la vie.

Le collège ou l'âge bête

L'Hexagone ne comporte pas moins de 5 300 **collèges** publics (dont 1 000 classés en réseau d'éducation prioritaire) et 1 700 collèges privés sous contrat[16]. Près de 3,5 millions de collégiens sont ainsi scolarisés chaque année. Si tout le monde passe maintenant par le collège « unique », le dispositif peut-il encore se montrer efficace face à l'incessante masse des élèves qui s'y pressent ? Quels sont alors ses attendus ?

Le collège a pour mission de donner à tous un socle commun de connaissances, c'est-à-dire les savoirs indispensables à la poursuite d'études. C'est là sa fonction première ! Mais, dans les coulisses, le collège a aussi pour mission de pallier les inégalités, tout en ne sacrifiant rien à la mixité sociale. C'est d'ailleurs ici que le bât blesse puisque les collèges situés au sein des zones défavorisées ont des résultats souvent inférieurs aux autres collèges[17]. En matière d'égalité des chances, on a déjà vu mieux. Et on ne peut pas dire que la situation évolue positivement, malgré les réformes et mesures mises en place[18].

Cela étant maintenant su de tout le monde, il ne nous reste plus qu'à déplorer la fuite des « bons élèves » vers le privé. Prenons l'exemple du collège d'Enghien-les-Bains. L'établissement dispose d'un assez bon niveau, mais force est de constater que l'enseignant y rencontre peu d'élèves enghiennois. Où sont-ils donc passés ? Oh, rassurez-vous, ils ne sont guère loin, à peine à 500 mètres ! Beaucoup de parents font le choix de scolariser leurs enfants dans l'établissement privé de la ville, vidant ainsi drastiquement les effectifs du collège public. Et afin que les professeurs ne se retrouvent pas à enseigner devant des classes vides, les enfants scolarisés dans le public d'Enghien proviennent tout simplement des villes avoisinantes. Ainsi, en à peine une petite quinzaine d'années, le collège d'Enghien a vu changer son profil sociologique. La nature ayant horreur du vide, la désertion d'un grand nombre d'enfants enghiennois a permis de créer une sorte de brassage social improvisé et de former des niveaux on ne peut plus hétérogènes[19] : certains collégiens semblent avoir le jugement d'un trentenaire déjà un peu blasé, quand d'autres évoluent encore au sein d'un univers mental très proche du bac à sable. C'est bien là tout le charme et la complexité d'un établissement qui ressemble à tant d'autres. Mais comment enseigner la même chose à tout le monde quand l'auditoire diverge autant ? Comment ne pas lasser le bon élève sans perdre celui qui peine à comprendre ?

L'heure est au nivellement, à l'éducation positive et à l'idéal d'une école sans notes. Mais que personne n'en doute, derrière cette apparente bienveillance, le projet vise surtout à masquer la panne de l'ascenseur social. C'est qu'à ne vouloir brusquer personne, on ôte aux enfants les plus modestes la possibilité de découvrir des savoirs essentiels et de se forger une culture qui aille au-delà du scolaire ou de l'académique. Les élèves ayant la chance d'avoir des parents qui les poussent liront quand même les classiques littéraires sans l'aide de l'école, quand les autres n'auront même pas accès au plus élémentaire des vernis culturels. Il y a de quoi se questionner. Le collège est le dernier établissement qui scolarise tous les élèves en suivant un programme unique. Est-ce par un surcroît de laxisme qu'on aidera les plus démunis à s'en sortir par le haut ?

Pour ajouter à la difficulté, les **collégiens** sont assurément la classe d'âge la plus complexe à appréhender, aussi bien pour les parents et les professeurs que pour les jeunes eux-mêmes. C'est dire ! J'ai appris, au fil des années, à apprécier cette tranche d'âge un peu foutraque, où le « rien n'est important » voisine avec le « tout est essentiel ». Ils oscillent entre une mélancolie à la Musset : « rien n'a de sens, la vie est vaine », et l'hystérie existentielle d'une *Desperate Housewife* : « tout a du sens, tout doit être parfait ». Un quatre-couleurs négligemment subtilisé par celle qu'on pensait être sa meilleure amie, et ce sont des affres émotionnelles sans fond qui s'entrouvrent. Il ne fait pas bon à l'adulte d'être alors dans les parages, tant il est vrai qu'il n'y comprendra rien, et que ses remarques – qu'il souhaite pourtant apaisantes – viendront jeter de l'huile sur le feu de cet incompréhensible sentiment de trahison. Ce comportement, pour le moins « instable », aurait une explication physiologique : en plus de l'éruption cutanée, une effervescence neuronale est à l'œuvre à l'intérieur de la boîte crânienne des adultes en devenir[20]. Pour faire bref, l'adolescent est en chantier, dans tous les sens du terme ! Son cortex préfrontal (siège de la rationalité) est loin d'être mature, ce qui justifie en partie ses comportements impulsifs, sa difficulté à planifier à long terme et à évaluer les risques de manière adéquate[21]. Et explique peut-être les chocs répétés contre le platane dans la cour de récré…

Est-ce à dire qu'il ne faut rien faire, baisser les bras et attendre que le chaos se résorbe de lui-même ? Surtout pas ! Parce que si ces grands chambardements sont une clé explicative du comportement, il est également normal et sain que l'adulte intervienne pour poser des règles et réguler les comportements à risque. Un collégien ne peut avoir tous les droits sous prétexte que son cerveau est un vrai foutoir. C'est, à la rigueur, une circonstance atténuante, mais il est plus que jamais nécessaire que l'adulte (donc le professeur) profite de cette grande reconfiguration pour poser les balises nécessaires au bien-être et au bien-vivre-ensemble.

Des petits groupes, des petits groupes, toujours des petits groupes

Depuis peu, pour « faciliter » la mission des enseignants, le gouvernement n'a rien trouvé de mieux que d'imposer des **groupes de besoins** en mathématiques et en français, pour les classes de sixième et de cinquième. Pour beaucoup de parents, cette innovation, au demeurant voulue, approuvée et ratifiée par l'ex-Premier ministre Gabriel Attal, est envisagée comme une chose a priori positive. Qui rechignerait à l'idée de savoir son enfant mieux encadré ?

Mais, entre la promesse et l'exécution, il y a un fossé. Et même plus qu'un fossé, un gouffre. Abyssal, le gouffre ! Car, pour ceux qui veulent bien les voir, les désagréments s'annoncent en cascade. Cette réforme basée sur la notion – plus que floue – du « choc des savoirs » remet en cause aussi bien le quotidien des élèves et de leurs enseignants que l'organisation interne du collège. Les chefs d'établissement ont du pain sur la planche. Que l'on se le dise, il n'y aura pas une réforme, mais autant de réformes qu'il y a d'établissements tant les modalités d'application restent confuses. De l'embrouillamini, en veux-tu en voilà.

Prenons l'exemple d'une classe-témoin composée de 30 élèves que nous diviserons en trois groupes pudiquement appelés A, B et C, pour ne pas froisser la susceptibilité des adolescents. Mais ne soyons pas dupes, il y a bien les mauvais, les bons et le ventre mou derrière ces lettres ! Le professeur de mathématiques et le professeur de lettres les départageront en début d'année et, selon les résultats obtenus, les élèves se hisseront ou chuteront d'un groupe à l'autre. La promesse initiale étant que les enfants les plus « faibles » bénéficient d'effectifs réduits. Or, même les inspecteurs conviennent lors des réunions académiques que cela reste un « idéal théorique », soumis aux « dures contingences de la réalité » – je l'ai entendu de mes propres oreilles. Cela va sans dire que la parole donnée a fait long feu.

Créer des groupes de besoins suppose de disposer de salles supplémentaires. Comme la plupart des réformes pensées par des bureaucrates qui ne mettent jamais les pieds dans une école, cela n'a pas été réfléchi en amont.

Or, le problème de la structure est loin d'être anodin, surtout si l'on prend en compte le fait que nos bâtiments connaissent déjà des taux d'occupation à leur maximum. Où trouver de nouvelles salles quand toutes sont déjà occupées ? On fait classe dans la cour, en espérant que la pluie se fasse rare l'année prochaine ?

La réforme est aussi gourmande en enseignants supplémentaires, désignés sous l'appellation de « blocs de moyens provisoires » (BMP) dans le jargon administratif. C'est beau comme un précis technique… Les BMP pourront donc être au choix : des stagiaires, des contractuels ou des remplaçants de plus ou moins courte durée. Bravo pour la continuité pédagogique !

Quant aux emplois du temps, ils seront aussi criblés de trous que le mur d'un peloton d'exécution. Les groupes de besoins nécessitent un système de cours en parallèle afin de pouvoir modifier la composition des groupes en cours d'année. Autrement dit, tous les élèves de sixième et de cinquième auront obligatoirement cours de maths et de français en même temps. Seule cette organisation en « barrettes » – d'une souplesse toute soviétique – permettrait de respecter le système de perméabilité des groupes. C'est qu'il ne s'agirait pas qu'un élève « médiocre » stagne sans avoir eu l'opportunité de se hausser. Quels seront d'ailleurs les critères qui dicteront que tel élève doit s'élever quand tel autre doit s'abaisser ? Aucune consigne ! À chaque établissement de créer sa propre grille de lecture. Rassurez-vous toutefois, il n'y a aucune raison pour que les transferts soient nombreux tant cette promesse de réussite sociale n'est que de la « poudre de perlimpinpin » jetée aux yeux des parents.

Le grand public ne s'en rend pas forcément compte, mais ce collège « nouvelle génération » sonne la fin des classes hétérogènes pour les mathématiques et le français (que mes éminents collègues des autres disciplines se rassurent : pour eux aussi « c'est pour bientôt »). Or c'est justement cette notion d'hétérogénéité qui permettait à l'enseignant de tenter de hausser les acquis des élèves les plus fragiles en s'appuyant sur la locomotive formée par le peloton des « meilleurs ».

Le professorat s'éloigne ainsi, chaque jour un peu plus, de l'idéal d'une profession intellectuelle qui exercerait à bon escient sa liberté pédagogique. Le professeur n'est plus qu'un simple pousse-programme. Un triste constat qui n'est pas fait pour susciter de nouvelles vocations.

Comment être enthousiaste et innovant quand le choix des livres étudiés en classe de français est désormais dénié et que les œuvres devront être choisies en commun avec l'ensemble des collègues ? À force de tirer à hue et à dia, les enseignants ne parviendront qu'au triste compromis d'opter par défaut pour l'œuvre la plus consensuelle. Le plaisir d'enseigner tenait pourtant à un rapport intime aux ouvrages étudiés. Quel formidable gâchis ! Qui peut sérieusement croire qu'on obtiendra davantage d'efficacité en fermant les robinets de la liberté pédagogique ?

En outre, que penser de cette uniformisation à marche forcée des savoirs ? Surtout que le processus risque, une fois encore, de passer par le biais de plateformes pédagogiques privées qui, contre finance, proposeront aux établissements des cycles prédigérés. Partout où il y a des champs de bataille, les fossoyeurs se déplacent.

L'enseignement libre est mort, vive le savoir segmenté, parcellé, émietté ! La structure se délite : vous n'enseignez plus une matière conçue comme un tout organique mais des compétences disséminées ici et là. La vision d'ensemble s'effondre et nous allons vers une mécanisation de la pensée. Chaplin jonglant avec des concepts plutôt que des boulons ! L'usine a tué l'artisanat, le savoir sera enseveli par les compétences.

Par ailleurs, cette réforme continuera de creuser les écarts entre l'enseignement privé et l'enseignement public. À l'heure où le gouvernement affirme vouloir aplanir les différences, cela résonne telle la petite mélodie du contresens. Parce que si le public se voit dans la stricte obligation d'appliquer une réforme mal calibrée, le privé a (pour le moment) la chance d'y échapper par le biais d'aménagements. En raison de financements étatiques qui ne suivent pas, de nombreux établissements du privé se voient dans l'impossibilité d'appliquer le système des emplois du temps en barrettes. Le rectorat autorise donc des dérogations au texte d'origine.

Et dire que si vous vouliez une réforme simple et efficace, il fallait instaurer des classes de 20 élèves. Pas 22, 23 ou 25 qui finissent par se transformer en 30, 31 ou 32…

Et les enfants, me direz-vous ? Ils sont comme nous, ils marcheront au pas et puis c'est tout !

Tant que nous sommes dans les « petits » groupes, penchons-nous sur le dispositif des **devoirs faits**. Instauré en 2017, il vise à proposer aux élèves volontaires plusieurs heures d'aide aux devoirs[22]. Celles-ci sont encadrées par les enseignants et accueillent en priorité les élèves de sixième et de cinquième. En 2021, 80 % des collèges avaient déjà mis en place ce dispositif. Parfois non sans mal puisque la moitié des établissements peinait à recruter des professeurs volontaires et/ou à trouver des salles disponibles. Nonobstant, le dispositif est rendu obligatoire pour tous les élèves de sixième depuis la rentrée 2023[23] (et ce en tablant sur le pacte enseignant).

Dans l'idéal, ces heures s'envisagent comme une manière plus ou moins détournée de lutter contre les inégalités scolaires. L'établissement a désormais l'obligation d'offrir aux élèves les plus « fragiles » la possibilité de faire leurs devoirs non plus à la maison, mais au sein même de l'école. Les statistiques émanant du ministère de l'Éducation nationale stipulent que ce dispositif serait en priorité suivi par les élèves possédant un faible niveau[24]. À voir, puisque, pour l'instant, le procédé reste facultatif de la cinquième à la troisième et que les élèves en décrochage scolaire s'infligent rarement une ou deux heures supplémentaires par semaine.

Il reste à noter que les sessions de « devoirs faits » sont souvent payantes à l'intérieur des collèges privés (comptez une centaine d'euros supplémentaires par mois). Il est peu sûr que, dans ces conditions, les familles les plus démunies y recourent systématiquement.

Quant à l'implication des enseignants, elle est variable. Souvent motivés la première année, les professeurs volontaires vont rapidement déchanter. C'est que pour l'aspect « cours particulier », vous pouvez repasser ! Les classes sont souvent bourrées à ras bord et l'enseignant se retrouve face à une bonne vingtaine d'élèves dont la moitié a systématiquement « oublié » ses affaires, quand l'autre affirme, sans sourciller, n'avoir jamais rien à faire. Jamais. Ni leçons à relire, ni exercices à terminer. Rien. Nada. Et merci de ne pas déranger ! Quant aux clampins restants, ceux-ci passeront l'heure à glousser sous couvert de préparer un exposé à plusieurs.

Comme souvent dès qu'il s'agit d'un projet qui, pour être efficace, demanderait des moyens humains et matériels, ce dernier ne bénéficie ni des uns ni des autres. L'heure de « devoirs faits » se transforme alors systématiquement en une sorte de garderie plus ou moins avouée. Une véritable aide individualisée réclamerait des finances que l'État n'est pas disposé à lâcher, mais puisqu'on peut toujours faire plus avec moins, peut-on encore s'étonner que la multitude des prétendus dispositifs particuliers finissent par tous se ressembler ?

Le brevet, graal de tous les collégiens

Une fois tous ces dispositifs mis en place, permettent-ils au moins d'obtenir le précieux sésame, à savoir le diplôme national du **brevet** (DNB pour les intimes) qui marque la fin du collège ? A priori connu de tous, il n'est pourtant peut-être pas inutile de revenir sur son histoire tant ce premier examen de « grand » reste un impondérable de la scolarité.

Depuis la seconde moitié du XIXe siècle, la fin de l'école primaire était sanctionnée par l'obtention du certificat d'études primaires élémentaires (CEPE), qui attestait que le jeune élève avait su valider son premier (et souvent dernier) cycle du parcours scolaire[25]. Le collège restait une chose rare et lointaine, la quasi-majorité des élèves arrêtant ici leur scolarité. Quant au brevet d'études du premier cycle (BEPC), il ne fut créé qu'en 1947, une fois que le collège a commencé à véritablement prendre son essor[26]. En 1981, feu le BEPC est (enfin !) remplacé par notre fameux DNB. Sauf qu'il n'existe en fait pas un mais deux brevets : une série collège et une série professionnelle. En 1987, le DNB, décidément très taquin, se complexifie encore et se dote d'une troisième série, technologique[27]. Ce n'est qu'en 2012 que le brevet technologique sera abandonné. Voici pour la forme, mais qu'en est-il du fond ?

Si l'on se penche sur les archives dactylographiées des années 1970, l'on constate que le taux de réussite avoisinait les 70 %[28]. Nous ne sommes pas encore à un score de république bananière (c'est tout de même 30 points de moins que de nos jours !), mais on sent qu'un certain mouvement vers l'universalisme s'est enclenché.

Toutefois, si l'on se penche sur les questions posées alors, et qu'on les compare aux actuelles, force est de constater un réel abaissement des attendus. Prenons l'exemple du français (je sais, je suis partiale) : la grammaire et la conjugaison étaient alors au centre des épreuves et le poids de la dictée était loin d'être anecdotique. De nos jours, les savoirs jugés trop « scolaires » sont relégués aux marges ; ce qui compte c'est l'impression, l'émotion. Un élève comprend-il vraiment le texte ? Ce n'est plus vraiment la question. L'a-t-il senti, humé, a-t-il été capable d'en saisir, non pas le sens général et détaillé, mais des bribes éparses ici et là ? C'est déjà quelque chose !

Au risque d'en décevoir quelques-uns, le mythe des points généreusement distribués par des correcteurs désabusés… eh bien, n'en est pas vraiment un ! Chaque année, les directives de correction se font de plus en plus charitables. Certains diront que j'idéalise le passé, que tout n'était pas merveilleux non plus à la « bonne vieille époque ». Je veux bien, mais peut-on encore parler d'idéalisation du passé quand l'on compare ce qui avait encore lieu il y a cinq ou six ans et ce qui se fait maintenant ?

Les consignes de l'année passée stipulaient que « même si les phrases restent peu construites et les fautes omniprésentes, tant que l'élève a – ne serait-ce que partiellement – répondu à la question, mettez les points ». Plein de points. Tous les points qu'on pourra trouver. Oui, mais parfois, il n'y a rien. Alors que faire ? Parce qu'il y a des directives derrière – et de sacrées ! – qui exigent que vous vous acharniez à les trouver, ces points ! Avec de la bonne volonté, on trouve toujours. Regardez cette feuille, elle n'est ni froissée ni tachée ? C'est déjà quelque chose. L'enfant maîtrise visiblement les notions les plus élémentaires de propreté, on peut lui accorder deux ou trois points. Et celui-là, qui marque que Hitler est plus méchant que de Gaulle ? C'est déjà un certain sens de la notion historique. Ça se félicite ! Mieux, ça se congratule ! Mettez-lui tous les points, nous sommes en *happy hour.*

Le lycée, dernière étape avant la quille

Une, deux, trois filières

De nos jours, près de 3 700 lycées accueillent près de 2,3 millions de lycéens : 60 % sont inscrits dans la voie générale, 26 % dans des filières professionnelles et 14 % dans des filières technologiques[29].

Commençons par le **lycée professionnel**, le plus décrié, l'enfant terrible et capricieux qu'on aime mais qu'on dissimule au monde. Bien que les politiques colportent par monts et par vaux la revalorisation des métiers manuels, le lycée professionnel conserve mauvaise presse. Non sans raison. Certaines filières ressemblent d'assez près à des voies de garage qu'on choisit uniquement par défaut : pas facile de s'inscrire en bac pro Hygiène propreté stérilisation (HPS) par pure passion. Je me souviens de mon effarement quand, au sein d'un lycée, j'ai découvert pour la première fois qu'un hangar tapissé d'une multitude de Balatum différents n'était là qu'afin que les futurs techniciennes et techniciens de surface puissent s'exercer au maniement de la serpillière. Ici, l'école touche aux confins du rêve. On arguera peut-être que cela a assurément son côté pratique, mais il y a tout de même une certaine perplexité ressentie à regarder seaux et balais s'accumuler le long des murs.

Heureusement, nombreuses sont les filières à offrir un visage davantage avenant. Si les lycées généraux et technologiques ne proposent qu'une dizaine de spécialités (bien que le lycée général connaisse depuis la réforme une certaine confusion dans ce qui constitue – ou non – un parcours cohérent), les établissements professionnels peuvent se vanter de posséder une petite centaine de matières enseignées ! A priori, il y en a pour tous les goûts. Même si, dans les faits, certaines options restent plus porteuses que d'autres. Pas certain que la mécanographie ait encore les faveurs d'un large public[30].

D'où vient cette mauvaise réputation persistante ? Un soupçon de fantasme, une touche d'angoisse séculaire (parfois complaisamment relayée par les médias), mais aussi une violence verbale et physique bien réelle. Violence due à un contexte social dégradé, celle qui consiste à suivre un cursus qui ne vous fascine guère. Combien d'élèves sont là par défaut ou par dépit ? Persuadés qu'ils sont d'être dans un établissement au rabais. Beaucoup ont le sentiment d'être « parqués ». On les met là parce qu'on ne veut pas, de toute manière, les mettre ailleurs. La preuve en est : même les bons élèves spontanément intéressés par la voie professionnelle finissent par déserter ces filières sous la pression de parents apeurés à l'idée que leur enfant ne gâche son potentiel.

Ici encore, on gagne à rester dans la nuance. Même si les statistiques ne sont pas uniformément réparties dans les territoires et dans les filières proposées, il n'empêche que le taux d'incidents pour 1 000 élèves passe de 5,1 au sein des lycées d'enseignement général et technologique à… 20,2 dans les lycées professionnels, la consommation de stupéfiants n'y étant pas pour rien[31].

On ne le répétera pourtant pas assez, en ces temps où le tertiaire ne paie plus forcément, il est plus que jamais intéressant de redonner une valeur tangible aux métiers de l'artisanat et du concret qui souvent paient bien plus que les emplois de bureau[32]. Les filières pros tentent de prendre en compte, plus qu'ailleurs, les besoins inhérents au monde du travail. Ici une brèche s'entrouvre.

Puisque les lycées professionnels s'envisagent comme des plateformes en direction de l'entreprise, pourquoi ne pas envisager de constituer de profitables partenariats entre l'État et les entrepreneurs ? Pourquoi ne pas directement former les étudiants aux exigences d'un poste spécifique ? Un diplôme estampillé McDo ou Leroy Merlin ! En voilà qui aurait de la gueule ! Enfoncée, l'école universaliste et donc peu propice à former les futurs travailleurs de demain. Faisons venir des managers appartenant aux grandes firmes afin qu'ils nous renseignent sur les besoins et perspectives de leur entreprise. Encore mieux, qu'ils créent le contenu des programmes et dispensent eux-mêmes les cours. Directement de l'école à l'entreprise, aucune perdition entre les deux ! Tout le monde y gagne ! Gain de temps des deux côtés ! Les élèves perdront un peu en liberté mais qu'importe… Ils se sentiront comme des petits poissons dans l'eau.

Pour les parents qui n'auraient pas été convaincus par la voie pro, direction le **lycée général**, dont on trouve les prémices dès la fin du Moyen Âge. Bien sûr, comme tout ce qui est lié au vivant, il a connu de nombreuses métamorphoses, changeant plusieurs fois de forme et d'objectifs. Ce n'est qu'en 1802 que Napoléon lui donne le visage qu'on lui connaît. Prônant un système éducatif centralisé, il crée les lycées impériaux pour la formation et l'éducation des jeunes gens qui formeront un jour la future élite[33]. Cinquante ans plus tard, la France compte officiellement 81 lycées. C'est avec la loi Camille Sée de 1880, sous la Troisième République, que le lycée commence à prendre son essor, notamment en s'ouvrant aux filles[34]. Après la Seconde Guerre mondiale, les baby-boomers envahissent les bancs de l'école.

L'heure est à la démocratisation. En 1989, la loi Jospin fixe l'objectif ambitieux (et absurde) d'obtenir 80 % de taux de réussite d'une classe d'âge au baccalauréat[35]. Mais l'on se doute qu'une telle massification du système ne peut aller sans engendrer de nouvelles problématiques. Comment gérer l'hétérogénéité des élèves ? Comment endiguer le décrochage scolaire ? Comment faire en sorte d'adapter le contenu des filières aux exigences du marché du travail ? Autant de questions qui ne sont toujours pas résolues et qui ne le seront probablement jamais tout à fait.

Que retenir alors de cette glorieuse épopée ? Qu'auparavant réservé aux notables, le lycée n'a eu de cesse de s'ouvrir à tous. De l'élite, il est descendu jusqu'au peuple. Ces choses-là se font de plus en plus rares, profitons-en avant qu'on ne nous en prive !

Si le collégien est souvent perçu comme le parfait représentant de l'âge bête, il me semble toutefois que ce serait plutôt au **lycéen** qu'il faudrait décerner cette palme. Le lycéen croit être un adulte, quand il ne l'est souvent en rien. Ce qui fait que chaque ordre qu'il reçoit de la part d'un professeur ou d'un surveillant est vécu comme une dramatique iniquité et un empiétement injustifié sur son libre arbitre. Il se veut autonome, responsable et engagé dans la société. Soit, mais dans ce cas qu'il arrête de geindre à la moindre remarque qui lui est faite et qu'il cesse de mimer le bruit du prout en classe. Là – et seulement là ! –, l'adulte le prendra peut-être au sérieux.

Le baccalauréat ou le dernier rite de passage

En 1808, Napoléon Bonaparte instaure le **baccalauréat** en France[36]. Décidément son influence, dès qu'il s'agit de l'État ou de l'administration, n'est jamais bien loin ! À l'époque, seuls quatre candidats se sont présentés à la première session : ce n'était pas encore le temps des foules. En 2024, ce sont près de 750 000 lycéens qui ont passé le bac avec un taux de réussite frôlant la perfection : 96 % d'admis pour la voie générale, 91 % pour la voie technologique et 83 % pour la voie professionnelle[37]. C'est largement plus que pour le permis, dont le taux de succès n'est que de l'ordre de 50 %[38].

Depuis la dernière réforme, la part de l'oral a encore gagné en importance[39]. À titre d'exemple, les deux épreuves de français (orale et écrite) possèdent le même coefficient. Il est toujours un peu troublant de constater que les vingt minutes d'oral où l'élève ne doit, in fine, que recracher une analyse préalablement fournie par le professeur, compte autant que l'épreuve écrite de quatre heures qui, elle, nécessite de réelles connaissances personnelles, ainsi qu'une bonne maîtrise méthodologique. Tout cela donne un peu le sentiment que l'une est là pour compenser les résultats de l'autre. N'évoquons même pas les huit minutes d'entretien de l'épreuve orale qui se veulent être un échange construit entre candidat et examinateur autour d'une « œuvre experte », laissée au choix de l'élève en question. Une bonne moitié l'a au mieux choisie au hasard, au pire piochée dans la seule rangée qui lui sert d'étagère. De l'œuvre experte, ils n'en liront le plus souvent que le résumé. Quant à la vie et au parcours de l'auteur, c'est chose négligeable. De toute manière, le gus est bien souvent mort, alors pourquoi se prendre la tête à recontextualiser son vécu dans une époque donnée ? Qu'il reste sous terre et nous laisse tranquille ! On ne lui en demande pas plus. Les classiques, c'est fatigant, donc si l'élève demande à présenter une histoire qui l'a marqué enfant, c'est déjà signe qu'il y met du sien. On hésite entre « Twilight, le redoublement » ou « Martine passe le bac ». Trêve de plaisanterie, il est triste de constater que les seuls livres qui, spontanément, reviennent en mémoire sont ceux d'un passé lointain, où l'œuvre littéraire n'était pas encore objet d'étude. Ça en dit long sur l'incapacité de l'école à mettre l'apprentissage des savoirs au-delà de la seule contrainte. Cela trahit également un manque de curiosité prégnant dans toutes les matières, la culture – dans son ensemble – n'est que très rarement valorisée. La compréhension et la connaissance ne sont plus conçues comme un but en soi, mais uniquement comme un moyen court-termiste. Mais je m'égare ! Revenons à notre baccalauréat.

Parce qu'au fond un malentendu demeure. Le bac ne sert plus à rien, il cautionne, tout au plus, le fait qu'un élève ait daigné faire acte de présence jusqu'à la fin de son secondaire. Il symbolise un bagage intellectuel permettant de pouvoir, par la suite, s'orienter dans le labyrinthe des études supérieures. Du moins en principe puisque, dans les faits, plus de la moitié des bacheliers s'y égareront, lamantins échoués sur la grève. Pourquoi donner le baccalauréat à tout le monde, quand on sait que trois ans après son obtention, la moitié abandonne sans être parvenue à décrocher le moindre diplôme supérieur ?

Donnons à tous l'illusion de la réussite ! Vive la scolarité glorieuse et épanouissante ! Demain les élèves les plus « fragiles » seront impitoyablement éjectés du système. Tant pis pour eux !

Le bac n'est rien d'autre qu'un miroir aux alouettes, il ne montre à la société que ce qu'elle veut bien voir d'elle-même.

Le grand chambardement

La **réforme du baccalauréat** entreprise par le gouvernement en 2018, dans l'intention (louable au demeurant) de moderniser un examen plus que centenaire, n'a pas fini de susciter une certaine hilarité dans les rangs[40]. Aux filières relativement bien conçues (pas parfaites, certes, mais qui l'est ?), nous voici avec un bac en kit. Aux élèves d'assembler eux-mêmes les pièces de leur cursus sans jamais avoir bénéficié au préalable d'une véritable notice. Adieu à l'harmonie des cursus L (littéraire), ES (économique et social) et S (scientifique). La cohérence, telle la grenade dégoupillée, a explosé en mille éclats.

Initialement conçue pour élargir le champ des connaissances, la pluralité des matières proposées en spécialités fragmente, au contraire, davantage le savoir et empêche les élèves de se forger une culture générale solide parce que, justement, globalisante. De plus, la suppression des filières crée un déséquilibre dans les enseignements choisis. Les matières littéraires en sont (encore une fois !) les principales victimes. Par ailleurs, la réforme – censée réduire le stress des élèves en étalant les épreuves – semble ne pas avoir eu les effets attendus et entraîne même un regain d'inquiétude qui s'étale maintenant tout au long de l'année. Les syndicats enseignants et étudiants rapportent une augmentation de près de 20 % des demandes d'aide psychologique liées au stress des épreuves[41]. Chacun est juge de ce qui représente ou non une détresse psychologique, mais enfin l'augmentation est là !

Autre corollaire (et pas des moindres !), la réforme a fait de l'élaboration des plannings une véritable purge qui alourdit aussi bien l'emploi du temps du professeur que celui de l'élève. En termes de gestion et d'organisation, il n'est pas faux de dire qu'il existe un véritable avant et un après.

Que songer des épreuves de spécialités décalées en mars, avant qu'un immédiat rétropédalage n'ait lieu dès l'année suivante tant le fiasco fut grand et magistral[42] ?! Ce n'est pas faute d'avoir alerté sur la physionomie des cours après mars. Beaucoup de professeurs ont ainsi redécouvert les joies du comportement immature des collégiens chez des individus majeurs ou quasi majeurs. Il est compliqué de rester motivé quand vous avez déjà votre bac et qu'une étrange sensation d'impunité vous prend. « Parce qu'au pire que feront-ils ? Me virer ? Je m'en fous, je l'ai déjà, mon bac ! »

Vite, cédons à la première galéjade qui passe et faisons un maximum de bruit avant que d'entrer (réellement cette fois-ci) dans la vie d'adulte.

Début juillet, chaque année, s'échelonnent les résultats des **épreuves anticipées du baccalauréat** de français pour les quelque 500 000 élèves de première qui passent l'épreuve[43]. Et bientôt nous aurons droit aussi à ceux des épreuves anticipées de mathématiques[44] – évidemment que la réforme a enfoncé le clou des résultats pitoyables des Français en mathématiques, ce n'est pas faute, là encore, d'avoir prévenu. Est-ce que remettre une épreuve au bac y changera quelque chose ? L'épreuve de français ne semble pas avoir permis une réelle lutte efficace contre l'effondrement du niveau dans cette matière… Mais bon, laissons l'avenir nous apporter son lot de (bonnes) surprises.

L'examen, source de stress pour les étudiants, est, côté professoral, synonyme d'ennui. Les collègues se résignent, chaque année, à voir s'avancer l'hydre rampante de la vacuité réglementaire et étatique. Je ne parlerai pas ici des épreuves écrites (ce n'est, ni plus ni moins, qu'une longue plâtrée qu'il s'agit de digérer le plus proprement et rapidement possible), mais des oraux qui sont infiniment plus intéressants à décrypter, tant l'exercice conjugue tout ce qu'il y a de pire : un bachotage *ad nauseam* et la disparition tragique de toute forme de spontanéité. Pour ceux qui n'auraient pas la chance d'avoir un adolescent à la maison, je me permets ici de rappeler brièvement en quoi consistent ces oraux de français – gageons que les collègues de mathématiques seront mieux lotis. L'épreuve consiste en une analyse d'un texte étudié en classe, en douze minutes chrono, suivie d'un entretien de huit minutes portant sur une œuvre dite experte. Sur le papier, cela fait sens, on mélange les savoirs acquis à l'intelligibilité d'une pensée personnelle. Que nenni ! Chassez de votre esprit cette trompeuse illusion ! L'épreuve n'est en rien formatrice, c'est un leurre, un appât que l'on jette au bon sens, un mur d'illusion. En un mot, un traquenard. Pendant six jours, le professeur connaît les délices du travail à la chaîne. Un candidat entre, un autre sort, et ce jusqu'à la nausée. Quatorze élèves à faire passer par jour, à raison de trente minutes de préparation écrite et de vingt minutes dédiées à la prise de parole. Pire, bien pire qu'Ixion attaché à la roue par des dieux grecs décidément un rien plaisantins ! Et tournez manège ! Niveau organisation, chaque seconde perdue se répercute amèrement dans un effet boule de neige du plus mauvais aloi.

Loin de moi l'idée de jeter la pierre aux candidats dont l'épanouissement intellectuel n'est en rien favorisé. C'est surtout l'Institution qui a bien déraillé. Qu'on m'explique un instant l'intérêt de demander à des élèves de 16 ans de recracher de mémoire une analyse qui ne leur est en rien personnelle, mais qui a été conçue, élaborée et rédigée par leur professeur ? Même quand les candidats ont révisé, cela ne signifie pas qu'ils ont compris l'extrait étudié. Il faut dire que le système s'en moque éperdument, on ne leur demande rien de plus que l'intelligence du perroquet ou du singe savant. Une ménagerie en avenir.

Si l'on m'autorise un tantinet de provocation, je dirai qu'il y a d'ailleurs souvent plus d'intelligence à l'œuvre quand un candidat se retrouve face à un texte qu'il n'a en rien révisé. L'analyse y est certes rarement d'une grande finesse, mais, du moins, le projet de lecture est personnel et révèle l'intelligence matoise de certains. Parce qu'il y a un plaisir réel à être embarqué dans l'analyse roublarde du cancre avec bagou qui s'acharne à vous vendre le texte comme un démonstrateur de machines à laver. Tout est flou, imprécis, souvent fautif, mais incroyablement vrai dans la farce qui se joue ! Académiquement parlant, nous sommes dans l'errance. Quelques-uns pleurent, persuadés que, si on ne les laisse pas dérouler leur boniment, ils auront une mauvaise note. On assiste vraiment à un petit naufrage de l'humanité.

Autre nouveau dada de la réforme : le **contrôle continu**. En quelques années, il est devenu la norme pour évaluer les élèves[45]. D'un point de vue personnel, je n'y suis pas entièrement favorable (certains me diront – et avec raison ! – que mon avis est bien négligeable, je les en remercie et poursuis toutefois dans mon idée), puisque ce dispositif est bien souvent perçu comme un droit à la paresse ou une sorte de bouée pouvant servir en dernier recours.

Vous pouvez être certain que, selon la classe, le professeur, l'établissement scolaire ou encore sa zone géographique, le contrôle continu n'a jamais la même valeur. La chose devient une sorte d'entité flottante : chiffres dénués de fond et de sens. Il suffit de jeter un petit coup d'œil aux évaluations de ses collègues pour observer que les points ne sont jamais distribués de la même manière. Un tel s'émeut de la confusion entre « où » et « ou », quand un autre part en croisade contre l'usage abusif du « comme bien même ».

Si bon nombre d'établissements s'évertuent à mettre en place de plus en plus de contrôles communs, afin de s'assurer d'une certaine homogénéité dans le contenu proposé par les différents professeurs, force est de constater que ces devoirs imposés ne sont pas forcément les plus passionnants et/ou les plus adaptés. Ils contraignent le professeur à suivre un rythme prédéfini à l'avance, à étudier telle œuvre plutôt que telle autre et à niveler les particularités pour suivre une trame commune.

Pire, le contrôle continu est une arme à double tranchant qui rassure aussi bien qu'elle dérange. Près de 60 % des lycéens déclarent ressentir une forme de stress plus ou moins prégnant en raison des exigences du contrôle continu[46]. Le système encourage les élèves à se projeter dans une véritable « course aux points ». Obnubilés qu'ils sont par la « carotte » de la note, ils laissent souvent de côté la compréhension durable et profonde d'une notion ou d'un concept. Ce phénomène tend à drastiquement limiter leur conception de l'apprentissage à la mémorisation à court terme, plutôt qu'à favoriser le développement d'une réflexion personnelle qui soit réelle et durable.

De plus, ce système a radicalement changé le rapport de l'élève (et de ses parents) aux notes obtenues. Auparavant, il était rare qu'un père ou une mère se permette d'appeler un professeur pour exiger le changement d'une note, ou ose intervenir dans le barème de distribution des points. Maintenant que toutes les notes comptent pour l'obtention du brevet ou du baccalauréat, nombreuses sont les familles à vous envoyer leurs doléances. Untel exige que vous enleviez telle note (selon lui non représentative du travail de son enfant) avant la clôture du bulletin, unetelle vous menace de représailles auprès de la Fédération des parents d'élèves si vous ne revoyez pas la copie de son fils. Au fond, la note a perdu sa simple valeur indicative pour devenir une entité despotique. L'accumulation de notations mauvaises ou décevantes amplifie le phénomène de découragement des élèves les plus fragiles, qui ne voient désormais plus aucun espoir à la sempiternelle succession des échecs. Pour enfoncer le dernier clou du cercueil, peu de professeurs estiment le contrôle continu pertinent en ce qui concerne l'évaluation juste et adéquate des compétences transversales.

Et après ?

Bac en poche, avant d'envisager le passage au monde adulte, il faut encore affronter ce sphinx de **Parcoursup**. Qu'on se le dise, Parcoursup est l'égal d'une divinité des temps polythéistes : force abstraite qui frappe sans que l'on comprenne, qui dispense éloges et blâmes au gré de critères n'appartenant qu'à elle. Entité sans yeux ni oreilles, elle exerce son emprise sur le dos courbé des élèves et de leurs parents.

Depuis sa mise en place en 2018, la plateforme de préinscription en première année de l'enseignement supérieur en France n'a cessé de faire l'objet de critiques[47], notamment de creuser les inégalités sociales. Les élèves issus de milieux défavorisés auraient moins de chances d'être acceptés dans une formation sélective et certains d'entre eux déclarent renoncer aux études supérieures en raison d'une mauvaise orientation imposée par l'oracle dépassé[48]. Mais, de cela, la divinité n'a cure.

Si cet obstacle est franchi, il faut alors passer à la sacro-sainte étape du **CV**. Alors que j'enseignais les lettres au sein d'une filière professionnelle, j'ai eu l'idée de mettre en place un atelier CV, afin de montrer aux élèves les attendus de ce difficile exercice qui sera le leur plus tard : apprendre à mentir, ni trop ni trop peu.

Après une heure de théorie, je donne la consigne de rédiger un curriculum vitae pour dans trois jours. Je me tourne vers une étudiante qui range ses affaires avant la sonnerie.

— Tu me fais ça bien, Sabrina ?

L'élève en question me regarde, soupire, tchipe, prend son sac et murmure un « on verra » pas très convaincant.

Trois jours passent, je circule dans les rangs. Les élèves ont devant eux leur CV et je parviens au niveau de la table de Sabrina. Celle-ci lève les yeux et m'annonce d'un air crâne :

— Vous allez être trop fière. Je me suis grave défoncée !

Mes yeux se posent sur la feuille et un blanc s'installe.

Devant moi, une page de papier rose clair à l'écriture délicatement calligraphiée à la main. Et, sur l'intégralité du papier, des paillettes argentées, ainsi que des autocollants « licorne ». Le résultat est confondant : ce n'est plus un CV, c'est du scrapbooking !

— Vas-y, ça me saoule. L'autre, là (l'autre c'est moi), elle dit rien alors que je me suis donnée à fond. Allez tous vous faire…

— C'est juste que je suis un peu… troublée. Parce que des CV, tu vas devoir en envoyer des centaines avant de trouver un emploi.

— Wesh ! Des centaines, c'est quoi ça ? Les gens, ils ont pas de race ! Vas-y, s'ils veulent pas me prendre, je les attends pas, moi.

Soit dit en passant, des études prouveraient que, pour la première fois dans l'histoire de l'humanité, le **QI** serait en pleine régression[49]. Les Français auraient perdu quatre points de QI depuis 1999 ! La faute aux écrans et autres technologies qui paralysent notre besoin d'indépendance, puisque nous savons ces supports numériques à disposition. Il est certain que l'informatique est une arme à double tranchant : ce que l'on gagne en confort immédiat, on le perd en maîtrise instinctive. Est-ce à dire que les seuls coupables seraient nos ordinateurs et autres portables ? Oui et non ! Moins qu'à une baisse des capacités intellectuelles, les professeurs sont surtout confrontés à une recrudescence de la paresse. L'attention ne cesse d'être fragmentée et l'élève se sent de plus en plus frustré face à des tâches répétitives qui n'offrent aucune gratification immédiate. Aucune petite musique ou aucun bruitage satisfaisant ne s'enclenchent quand on vient de finir de réviser un verbe irrégulier en anglais ou une définition en histoire. Or c'est là que ça pèche : à défaut d'être diverti, l'enfant souhaite du moins être récompensé. Pour tout et tout le temps ! À quand une application qui viendrait le féliciter chaque fois qu'une tâche donnée a été accomplie ?

Conclusion

Nous voilà désormais à quai. À l'inverse de Charon, ici on laisse sortir de l'embarcation ! N'oubliez pas de reprendre vos esprits et, comme aimait à le dire l'un de mes professeurs : « *Attenzione alla chiusura delle porte.* » Longtemps nous crûmes à une sentence sophistiquée, ce n'était in fine que la sonnerie de fermeture des portes du métro romain.

Vous êtes parvenus à sortir indemnes (du moins, je l'espère !) des méandres de l'Éducation nationale, et voilà qui mériterait à tout le moins une gommette, mais le budget étant resserré, il va falloir apprendre à se contenter d'une gratification spirituelle et non bassement matérielle.

Que retenir du voyage si ce n'est qu'à travers l'absurde et le ridicule demeure, enfouie dans l'ombre, une petite lueur. L'espoir réside dans les individus et non dans l'énorme machine administrative. Trop lourde, celle-ci incline souvent la tête et aime à se perdre dans des conjectures imaginaires.

Ce livre aura été pour moi l'occasion de faire un point : enseigner à l'heure des réseaux sociaux a-t-il encore du sens ? La réponse est toujours « oui », malgré les pièges et chausse-trapes laissés, ici et là, sur la route. *On the road again*, réforme après réforme après réforme ! Le professeur est une bête coriace, son cuir est suffisamment épais pour résister aux incessants ordres et contre-ordres !

Et, surtout, souvenez-vous de ceci : dans l'enseignement comme dans la vie, le *bis repetita* n'est pas toujours une punition, c'est parfois l'élément *sine qua non* des choses qui fonctionnent.

À tous ceux qui vivent ce quotidien, aux personnes qui le subissent comme à celles qui l'embrassent, je dédie ces pages. Puissiez-vous y retrouver un peu de votre propre parcours et de vos expériences.

Enfin, pour paraphraser la citation de Victor Hugo sur les poètes, l'enseignement est un monde dans l'homme.

Notes

I. Le professeur, précis anatomique d'une espèce menacée

1. https://www.fonction-publique.gouv.fr/toutes-les-publications/les-caracteristiques-et-la-localisation-des-postes-de-la-fonction-publique-en-2022

2. https://www.ccomptes.fr/sites/default/files/2023-10/20180530-rapport-personnels-contractuels-education-nationale.pdf

3. https://www.legifrance.gouv.fr/jorf/id/JORFARTI000038889291

4. Le CAPES trouve ses origines au début du XIXe siècle avec l'ordonnance royale sur l'instruction primaire de 1816 qui institue un brevet de capacité obligatoire pour enseigner (voir https://journals.openedition.org/histoire-education/814). Réservé aux hommes, il ne s'ouvrira aux femmes qu'à partir de 1880, alors qu'elles n'obtiennent le droit d'enseigner qu'en 1881. En 1905, ce brevet s'éclipse au profit de l'actuel CAPES (voir https://shs.cairn.info/revue-carrefours-de-l-education-2016-1-page-81?lang=fr).

5. https://www.assemblee-nationale.fr/dyn/16/textes/l16b0265_proposition-loi.pdf

6. https://www.devenirenseignant.gouv.fr/les-donnees-statistiques-des-concours-du-capes-de-la-session-2022-328

7. https://www.snes.edu/ma-carriere/concours-entree/concours-2023-postes-non-pourvus/

8. https://www.education.gouv.fr/bilan-social-du-ministere-de-l-education-nationale-de-la-jeunesse-et-des-sports-2019-2020-308115

9. https://www.education.gouv.fr/la-remuneration-des-enseignants-7565

10. https://www.lemonde.fr/campus/article/2019/02/06/agregation-seulement-15-des-candidats-decrochent-le-graal-de-l-enseignement_5420075_4401467.html

11. https://infos.emploipublic.fr/article/salaires-des-profs-on-vous-dit-tout-eea-4667

12. https://fr.statista.com/infographie/25111/distribution-des-salaires-mensuels-nets-en-equivalent-temps-plein-en-france/

13. https://www.touteleurope.eu/societe/le-salaire-des-enseignants-en-europe/ et https://www.insee.fr/fr/statistiques/4238431?sommaire=4238781

14. https://www.vie-publique.fr/en-bref/287694-systeme-educatif-comparaison-entre-les-pays-de-lunion-europeenne ; https://www.education.gouv.fr/EuropeEducation2022

15. https://www.ouest-france.fr/education/un-rapport-du-senat-pointe-la-perte-du-pouvoir-d-achat-des-enseignants-depuis-20-ans-6a7738a4-4df1-11ec-8bef-f2c8380d539f

16. https://www.francetvinfo.fr/societe/education/vrai-ou-faux-les-enseignants-sont-ils-plus-ou-moins-absents-que-les-autres-fonctionnaires-et-que-les-salaries-du-prive_6308934.html#:~:text=Les%20enseignants%20ont%20en%20moyenne%20%C3%A9t%C3%A9%20absents%2011%2C6,fonction%20publique%20%2814%2C5%20jours%20en%20moyenne%20en%202022%29

17. https://www.liberation.fr/societe/education/les-enseignants-prennent-moins-de-conges-maladie-que-

les-autres-travailleurs-20240115_WSL4CD6KB5ABFJPZOKDHJVCLBM/

18. https://www.fondationmgen.fr/wp-content/uploads/2017/02/Rapport_descriptif_QVE_VF_newlogoFili-1.pdf

19. https://www.leparisien.fr/yvelines-78/a-la-verriere-limpressionnante-transformation-de-lancienne-clinique-de-la-mgen-05-07-2021-I2XCEU6U3VD5FFTNUGWVJ4IPXY.php

20. https://www.weka.fr/actualite/education/article/le-senat-s-inquiete-de-l-augmentation-des-demissions-d-enseignants-174279/

21. https://shs.cairn.info/revue-formation-emploi-2021-3-page-201?lang=fr

22. https://www.lavoixdunord.fr/1353608/article/2023-07-27/les-profs-sont-toujours-en-vacances-voila-pourquoi-c-est-faux#:~:text=En%20effet%2C%20et%20d'apr%C3%A8s,2%20jours%20pleins%20par%20semaine

23. https://www.publicsenat.fr/actualites/education/ecole-les-professeurs-du-premier-degre-travaillent-ils-24-heures-par-semaine-comme-le-pretend-nicolas-sarkozy ; https://archives-statistiques-depp.education.gouv.fr/Default/doc/SYRACUSE/12946/temps-de-travail-des-enseignants-du-second-degre-public-pour-une-heure-de-cours-une-heure-de-travail?_lg=fr-FR#:~:text=Les%20enseignants%20du%20second%20degr%C3%A9%20public%20%C3%A0%20temps,relativement%20similaire%2C%20quelle%20que%20soit%20la%20discipline%20enseign%C3%A9e.

24. https://www.lepoint.fr/voyages/reduire-les-vacances-scolaires-fait-craindre-le-risque-du-surtourisme-29-06-2023-2526726_44.php#11

25. https://blog.francetvinfo.fr/l-instit-humeurs/2012/12/10/la-duree-legale-de-conge-annuel-des-profs-est-de-5-semaines.html

II. Chausse-trapes, couloirs hantés et salles vétustes : un lieu où il fait bon vivre !

1. https://www.radiofrance.fr/franceinter/un-tiers-des-locaux-universitaires-sont-en-mauvais-etat-et-un-sur-dix-dangereux-pour-ceux-qui-y-travaillent-5828699

2. https://www.snes.edu/article/enquete-ecologie-et-bati-scolaire-du-snes-fsu-un-premier-bilan-inquietant/

3. https://www.20minutes.fr/societe/4034221-20230426-education-pourquoi-renovation-etablissements-scolaires-chantier-gargantuesque

4. https://www.francetvinfo.fr/france/ile-de-france/ile-de-france-la-vetuste-touche-plus-d-un-lycee-sur-cinq_6415888.html

5. https://www.senat.fr/cra/s20231214/s20231214_0.html

6. https://www.cahiers-techniques-batiment.fr/article/au-senat-le-bati-scolaire-est-a-l-epreuve-de-la-transition-ecologique.68552

7. https://www.letudiant.fr/college/sondage-toilettes.html#:~:text=Insalubres%2C%20les%20toilettes%20de%20vos,de%20s%C3%A9curit%C3%A9%20et%20d'acc%C3%A8s.

8. https://www.francetvinfo.fr/sante/hygiene/les-toilettes-a-l-ecole-des-risques-pour-la-sante-des-enfants_2475516.html

9. https://www.francetvinfo.fr/sante/hygiene/journee-mondiale-des-toilettes-huit-enfants-sur-dix-se-retiennent-d-aller-aux-wc-a-l-ecole_3709957.html#:~:text=En%20France%2C%2081%25%20des%20enfants%20%C3%A2g%C3%A9s%20de%206,publi%C3%A9e%20mardi%2019%20novembre%2C%20journ%C3%A9e%20mondiale%20des%20toilettes.

10. https://blog.landot-avocats.net/wp-content/uploads/2023/12/Rapport-dinformation-n%C2%B01974-16e-legislature-Assemblee-nationale.pdf

11. https://www.oxfamfrance.org/communiques-de-presse/en-france-les-ecoles-inadaptees-au-changement-climatique-13-millions-deleves-de-maternelle-impactes/ ; https://www.snuipp.fr/publications/articles/coup-de-chaud-sur-les-ecoles

III. Le bahut, un petit monde en soi

1. https://www.education.gouv.fr/non-au-harcelement/phare-un-programme-de-lutte-contre-le-harcelement-a-l-ecole-323435

2. https://learningportal.iiep.unesco.org/fr/fiches-pratiques/ameliorer-les-apprentissages/lenvironnement-scolaire-psychosocial

3. https://www.senscritique.com/liste/L_education_nationale_et_le_cinema_francais/188756

4. https://cafepedagogique.net/2024/02/17/le-ministere-supprime-un-millier-de-postes-daed-en-2024/#:~:text=Selon%20le%20document%20de%202024,compte%20les%20AED%20en%20pr%C3%A9professionnalisation

5. https://www.senat.fr/questions/base/2021/qSEQ211125278.html#:~:text=L%27%C3%A2ge%20moyen%20des%20AED%20est%20aujourd%27hui%20de%2030,traduisant%20l%27ambition%20premi%C3%A8re%20du%20dispositif%2C%20qui%20demeure%20pertinente.

6. https://shs.cairn.info/revue-carrefours-de-l-education-2013-1-page-105?lang=fr#s2n7

7. https://cpe-76.webself.net/file/si738929/download/FICHES%20(1)-fi11158726.pdf

8. Les chiffres du nombre d'exclusions définitives sont variables, selon les sources : de 1 800 pour les collèges à près de 16 000 par an. Voir https://www.leparisien.fr/societe/indiscipline-au-college-des-milliers-d-eleves-exclus-chaque-jour-11-04-2019-8051562.php ; https://journals.openedition.org/osp/4421

9. https://www.leparisien.fr/societe/indiscipline-au-college-des-milliers-d-eleves-exclus-chaque-jour-11-04-2019-8051562.php

10. https://www.fcpe-marne.fr/wp-content/uploads/2019/06/Lexclusion-temporaire-au-coll%C3%A8ge-une-d%C3%A9scolarisation-institu%C3%A9e.pdf

11. https://www.marianne.net/societe/college-l-exclusion-temporaire-une-punition-bete-et-mechante

12. https://etudiant.lefigaro.fr/article/lycee/dans-le-public-l-absenteisme-des-eleves-a-augmente-en-2023-20240412/

13. https://etudiant.lefigaro.fr/article/lycee/dans-le-public-l-absenteisme-des-eleves-a-augmente-en-2023-20240412/

14. https://www.education.gouv.fr/analyse-du-systeme-de-prevention-et-de-lutte-contre-le-decrochage-en-france-380016 ; https://www.education.gouv.fr/l-education-nationale-en-chiffres-edition-2024-414935

15. https://fr.statista.com/statistiques/505299/taux-chomage-selon-diplome-france/ ; https://commission.europa.eu/system/files/2021-01/european-semester_thematic-factsheet_early-school-leavers_fr.pdf#:~:text=Les%20jeunes%20qui%20quittent%20pr%C3%A9matur%C3%A9ment%20l%E2%80%99%C3%A9ducation%20et%20la,conna%C3%AEtre%20le%20ch%C3%B4mage%2C%20l%E2%80%99exclusion%20sociale%20et%20la%20pauvret%C3%A9

16. https://www.anses.fr/fr/system/files/PASER-Fi-CantineChiffres.pdf#:~:text=Selon%20l%E2%80%99%C3%A9tude%20restauration%20scolaire%2C%2062%20%25%20des%20%C3%A9l%C3%A8ves,ann%C3%A9e%20dans%20les%20cantines%20scolaires%20%3F%201%20milliard

17. https://agriculture.gouv.fr/la-cantine-pour-apprendre-bien-manger

18. https://www.paris.fr/pages/la-cantine-2074

19. https://www.20minutes.fr/societe/3131271-20210923-rentree-scolaire-2021-pourquoi-cantine-scolaire-si-chere-

prive#:~:text=Et%20la%20diff%C3%A9rence%20 peut%20%C3%AAtre,50%20et%204%2C09%20euros.

20. https://www.ouest-france.fr/economie/agriculture/les-cantines-scolaires-devront-servir-20-d-aliments-bio-en-2022-5846432

21. https://www.education.gouv.fr/la-restauration-scolaire-6254

22. https://www.misterdoner.com/actualites/kebab-sandwich-oriental-succes-aupres-des-francais/

23. https://www.lepoint.fr/sante/sante-a-l-ecole-dans-certains-etablissements-des-infirmieres-gerent-seules-2-300-eleves-23-05-2023-2521386_40.php#11

24. https://www.jdpsychologues.fr/actualites/20-de-psychologues-en-plus-annonces-au-sein-de-l-education-nationale-insuffisant

25. https://cache.media.education.gouv.fr/file/ONS/12/0/ONS-BAOBAC-Annee-scolaire-2004-2005_389120.pdf

26. https://www.ameli.fr/assure/sante/themes/adolescents-sommeil/sommeil-de-l-adolescent-quelles-particularites

27. https://sommeilenfant.reseau-morphee.fr/ado/sommeil-de-ladolescent/

28. https://health-inequalities.eu/fr/jwddb/health-promotion-and-primary-prevention-in-21-european-countries-a-comparative-overview-of-key-policies-approaches-examples-of-good-practice-and-gaps-and-needs/

29. https://www.santepubliquefrance.fr/presse/2023/sante-mentale-premiers-resultats-de-l-etude-enabee-chez-les-enfants-de-6-a-11-ans-scolarises-du-cp-au-cm2

30. https://www.leprogres.fr/magazine-sante/2024/12/09/sante-mentale-des-jeunes-des-chiffres-alarmants-surtout-chez-les-filles

31. https://www.education.gouv.fr/l-etat-de-l-ecole-2024-415758

32. https://shs.cairn.info/revue-empan-2016-4-page-53?lang=fr

33. https://sante.gouv.fr/IMG/pdf/dp_sante_mentale_et_psychiatrie_-_3_mars_2023.pdf

34. https://www.lefigaro.fr/vox/societe/une-ecole-inclusive-sauf-pour-les-eleves-qui-souffrent-de-troubles-psychiatriques-20240318?msockid=247594e7f69461e11fd78029f72d60bb

35. https://www.inserm.fr/dossier/anorexie-mentale/

36. https://news.un.org/fr/story/2018/09/1023202

37. https://fr.statista.com/statistiques/509405/taux-de-sejours-hospitaliers-pour-tentative-de-suicide-france/

38. https://www.vie-publique.fr/en-bref/292910-hausse-des-pensees-suicidaires-chez-les-jeunes-francais

39. https://eduscol.education.fr/4063/agir-pour-favoriser-la-sante-mentale-et-le-bien-etre-des-eleves

40. https://www.education.gouv.fr/media/88193/download

41. https://news.un.org/fr/story/2021/03/1090722

42. https://www.education.gouv.fr/panorama-statistique-des-personnels-de-l-enseignement-scolaire-2023-2024-416010

43. https://www.ouest-france.fr/ile-de-france/versailles-78000/rectorat-de-versailles-ce-que-lon-sait-sur-laffaire-des-120-lettres-adressees-aux-familles-a805c396-dfcd-43fb-882f-6c9190b8ef52

44. https://www.leparisien.fr/societe/le-rectorat-de-versailles-vise-par-une-nouvelle-polemique-attal-condamne-un-courrier-envoye-a-un-pere-de-famille-22-09-2023-JN2UOGOFRJHQVJIT7SFBV32KR4.php

45. https://www.sudouest.fr/politique/education/la-cour-des-comptes-preconise-de-recentrer-les-missions-des-inspecteurs-de-l-education-nationale-10806680.php

46. https://www.education.gouv.fr/panorama-statistique-des-personnels-de-l-enseignement-scolaire-2023-2024-416010

47. https://unesdoc.unesco.org/ark:/48223/pf0000215929_fre

48. https://www.ih2ef.gouv.fr/formation-initiale-des-inspecteurs-du-1er-degre-promotion-2021-2022-phase-1

IV. Annotations, notation et exaspération

1. https://journals.openedition.org/trema/2732

2. https://shs.cairn.info/revue-la-revue-internationale-de-l-education-familiale-2014-2-page-97?lang=fr ; https://www.oecd-ilibrary.org/docserver/9789264288850-13-fr.pdf?expires=1732791232&id=id&accname=guest&checksum=0651F062EF76E745FB98ACF7975F2941

3. https://www.education.gouv.fr/bo/16/Hebdo3/MENE1531422D.htm

4. https://www.itesoft.com/fr/blog/impact-ecologique-traitement-factures-papier/#:~:text=Commen%C3%A7ons%20au%20tout%20d%C3%A9but%20du,Une%20ramette%20comporte%20500%20feuilles.

5. https://professeurtheros.fr/2024/07/01/enseignants-quelle-couleur-utiliser-pour-corriger-les-travaux-des-eleves/#:~:text=Pour%20corriger%2C%20la%20couleur%20noire%20est%20neutre%20et,per%C3%A7u%20de%20fa%C3%A7on%20plus%20constructive%20par%20les%20%C3%A9l%C3%A8ves

6. https://www.superprof.fr/blog/exercices-post-cours-duree/

7. https://www.liguedroitsenfant.be/2680/quel-est-le-temps-passe-a-faire-des-devoirs/

8. https://profclasse.com/devoirs-a-la-maison/

9. https://www.education.gouv.fr/devoirs-faits-un-temps-d-etude-accompagnee-pour-realiser-les-devoirs-7337

10. https://theconversation.com/en-orthographe-le-niveau-baisse-faut-il-vraiment-sen-inquieter-202014

11. https://enseignement-latin.hypotheses.org/16984

V. L'autorité sans autoritarisme

1. https://www.bruitparif.fr/l-echelle-des-decibels/

2. https://vocationenseignant.fr/enseignants-pourquoi-et-comment-proteger-votre-voix/ ; https://www.lemonde.fr/societe/article/2019/09/30/enseigner-a-en-perdre-la-voix_6013656_3224.html

3. https://www.cidj.com/bien-vivre/sa-sante/chirurgie-esthetique-des-18-34-ans-une-enquete-sonne-l-alerte#:~:text=Depuis%202019%2C%20les%2018-34%20ans%20ont%20plus%20recours,esth%C3%A9tiques%20que%20les%2050-60%20ans%20jusqu%E2%80%99ici%20patient%C3%A8le%20historique

4. https://fr.statista.com/themes/10989/la-chirurgie-esthetique-en-france/#topicOverview

5. https://www.lesechos.fr/politique-societe/education/un-climat-scolaire-tendu-qui-affecte-le-moral-des-enseignants-2108488

6. https://www.vie-publique.fr/en-bref/293359-violences-contre-les-enseignants-les-recommandations-du-senat

7. https://www.senat.fr/compte-rendu-commissions/20240304/cult.html

8. https://www.lemonde.fr/societe/article/2024/11/30/contre-les-enseignants-des-conflits-et-des-agressions-en-hausse-selon-l-autonome-de-solidarite-laique_6422104_3224.html

9. https://www.autonome-solidarite.fr/articles/violences-scolaires-une-realite-complexe-des-reponses-encore-insuffisantes/

10. https://www.senat.fr/compte-rendu-commissions/20240304/cult.html

11. https://www.unicef.fr/article/la-moitie-des-adolescents-dans-le-monde-sont-victimes-dactes-de-violence-a-lecole-et-aux-abords-de-lecole/

12. https://www.lefigaro.fr/actualite-france/2015/10/29/01016-20151029ARTFIG00140-le-harcelement-scolaire-touche-12-des-eleves.php

13. https://shs.cairn.info/revue-psychotherapies-2018-1-page-27

14. https://www.education.gouv.fr/non-au-harcelement

15. https://www.banquedesterritoires.fr/securite-des-ecoles-des-mesures-immediates-des-discussions-venir

VI. L'école du numérique sans le numérique

1. https://www.francetvinfo.fr/societe/education/numerique-a-l-ecole/suede-apres-avoir-delaisse-les-manuels-scolaires-au-profit-du-numerique-le-pays-fait-machine-arriere_5842562.html

2. https://www.wedemain.fr/ralentir/education-en-suede-les-livres-reprennent-le-pouvoir-sur-les-tablettes/

3. https://sante-pratique-paris.fr/addiction/les-dangers-des-ecrans-pour-les-enfants/#:~:text=Une%20note%20de%20Sant%C3%A9%20publique,ce%20qu%27il%20a%20vu%E2%80%A6

4. https://labo.societenumerique.gouv.fr/fr/articles/dossier-num%C3%A9rique-%C3%A9ducatif-rentr%C3%A9e-2022-%C3%A9tat-des-lieux-des-projets-en-cours-et-des-nouvelles-initiatives/

5. https://www.ekole.fr/blog/utilisation-numerique-ecole-vers-generalisation-numerique-pour-2024-2025

6. https://blog.espe-bretagne.fr/prodm1vannes/le-tableau-blanc-interactif-en-classe-quel-interet/

7. https://support.apple.com/fr-afri/103275

8. https://www.insee.fr/fr/statistiques/4238598?sommaire=4238635

9. Voir facture envoyée aux parents dans un établissement privé de banlieue parisienne dans lequel j'ai enseigné.

10. https://www.francetvinfo.fr/societe/enfance-et-adolescence/temoignages-j-ai-l-impression-de-rater-pas-mal-

de-choses-des-adolescents-sans-smartphone-racontent-leur-mode-de-vie-en-voie-de-disparition_6639846.html

11. https://www.commentcamarche.net/securite/protection/32089-les-smartphones-seront-interdits-dans-tous-les-colleges-a-la-rentree-2025/

12. https://fr.statista.com/infographie/32191/evolution-du-temps-ecran-chez-les-enfants-et-adolescents-en-france/#:~:text=D%27apr%C3%A8s%20une%20%C3%A9tude%20r%C3%A9cente%20sur%20le%20sujet%2C%20en,de%205%20heures%20chez%20les%20adolescents%20%2813-19%20ans%29

13. https://www.20minutes.fr/high-tech/4090996-20240514-francais-plus-plus-accros-portable

14. https://sante.lefigaro.fr/article/sommeil-des-ados-des-medecins-recommandent-un-couvre-feu-digital-

15. https://www.numerama.com/politique/1663134-ces-chiffres-du-cyberharcelement-chez-les-jeunes-sont-alarmants.html

16. https://fr.statista.com/statistiques/480837/utilisation-reseaux-sociaux-france-age/

17. https://lebonusagedesecrans.fr/essentiel-a-savoir/consequences-usage-excessif/

18. https://www.tandfonline.com/doi/pdf/10.2147/PRBM.S177834

19. https://www.agorapulse.com/fr/blog/statistiques-des-reseaux-sociaux-2024-lutilisation-des-reseaux-sociaux-en-france/

20. https://www.haut-conseil-egalite.gouv.fr/violences-faites-aux-femmes/actualites/article/cp-frequentation-en-hausse-des-sites-pornographiques-par-les-mineur-es-urgence

21. https://www.haut-conseil-egalite.gouv.fr/violences-faites-aux-femmes/actualites/article/cp-frequentation-en-hausse-des-sites-pornographiques-par-les-mineur-es-urgence

VII. L'école inclusive : y a pas de personnel, y a pas de moyens, mais on y va !

1. https://lyon.sgen-cfdt.fr/dossier/les-sigles-de-leducation-nationale-et-plus/

2. https://www.education.gouv.fr/sites/default/files/imported_files/document/IGEN-Rapport-2018-076-Bilan-sections-enseignement-general-professionnel-adapte-SEGPA_1002147.pdf

3. https://www.data.gouv.fr/fr/datasets/les-eleves-de-segpa-00000000/

4. https://www.education.gouv.fr/la-scolarisation-des-eleves-en-situation-de-handicap-1022#:~:text=303%20nouveaux%20dispositifs%20d'unit%C3%A9s,%2D2024%2C%20notamment%20en%20coll%C3%A8ge

5. https://drees.solidarites-sante.gouv.fr/publications-communique-de-presse/panoramas-de-la-drees/le-handicap-en-chiffres-edition-2023

6. https://handicap.gouv.fr/la-loi-du-11-fevrier-2005-pour-legalite-des-droits-et-des-chances

7. https://demarchesadministratives.fr/mdph-personnes-handicapees#:~:text=Organisation%20de%20la%20MDPH,et%20financi%C3%A8re%20des%20conseils%20g%C3%A9n%C3%A9raux.

8. https://www.education.gouv.fr/panorama-statistique-des-personnels-de-l-enseignement-scolaire-2022-2023-379668#:~:text=34%20500%20personnels%20sont%20b%C3%A9n%C3%A9ficiaires,%2C%20dont%2093%20%25%20de%20femmes

9. https://www.salon-handimedic.com/rentree-scolaire-evolution-du-nombre-deleves-a-besoins-particuliers-et-le-role-des-aesh.html

10. https://www.vie-publique.fr/loi/287649-loi-16-decembre-2022-cdisation-des-aesh-et-assistants-deducation-aed

11. https://formation-publique.com/salaire-des-aesh-en-2023-2024-quelle-grille-de-salaire/

12. https://www.ffdys.com/troubles-dys/

13. https://www.education.gouv.fr/reperes-et-references-statistiques-2024-414953

IX. Dans les méandres de l'Éducation nationale

1. https://www.vie-publique.fr/questions-reponses/290729-la-place-de-lenseignement-prive-en-france-en-cinq-questions

2. https://cafepedagogique.net/2024/11/27/effectifs-les-classes-sont-toujours-tres-chargees-en-france-et-baissent-ailleurs/

3. https://www.ccomptes.fr/sites/default/files/2023-10/20230601-synthese-enseignement-prive-sous-contrat.pdf

4. https://www.ccomptes.fr/sites/default/files/2023-10/20230601-enseignement-prive-sous-contrat.pdf

5. https://www.lemonde.fr/les-decodeurs/article/2024/04/03/education-quels-sont-les-regles-financements-et-controles-pour-l-enseignement-prive-en-france_6211854_4355771.html

6. https://www.aefinfo.fr/depeche/553208-pourquoi-les-enseignants-du-prive-sont-ils-moins-bien-payes-que-ceux-du-public-education-et-formations

7. https://shs.cairn.info/revue-carrefours-de-l-education-2016-2-page-215?lang=fr#s2n2

8. https://www.la-croix.com/Famille/ecoles-hors-contrat-musulmanes-viseur-autorites-2020-12-07-1201128640

9. https://www.liberation.fr/societe/education/absences-a-lecole-le-jour-de-laid-ce-que-lon-sait-du-recensement-reclame-par-le-ministere-de-linterieur-20230522_X5FRLCNEC5GMNLM3CES26ZEELM/

10. https://www.ladepeche.fr/2022/06/14/voile-et-tenue-islamique-a-lecole-les-incidents-en-hausse-de-48-cette-annee-en-france-10364716.php#:~:text=144%20entorses%20%C3%A0%20la%20loi,SCRT)%20rendus%20publics%20par%20RTL

11. https://www.education.gouv.fr/les-enseignants-du-premier-degre-public-declarent-travailler-44-heures-par-semaine-en-moyenne-6479

12. https://www.vousnousils.fr/2022/12/29/enseignants-francais-plus-de-travail-pour-moins-de-remuneration-que-la-moyenne-europeenne-667028

13. *Ibid.*

14. https://www.education.gouv.fr/personnels-de-l-education-nationale-des-metiers-exposes-aux-menaces-et-aux-insultes-8420#:~:text=Selon%20l'enqu%C3%AAte%20Cadre%20de,l'ensemble%20des%20autres%20professions

15. https://www.francetvinfo.fr/replay-radio/le-vrai-du-faux/vrai-ou-faux-la-france-detient-elle-le-record-des-classes-les-plus-chargees-en-europe_6396268.html

16. https://www.snes.edu/article/ips-des-colleges-prives-le-separatisme-des-riches-detruit-la-mixite-sociale-dans-les-colleges-publics/

17. https://www.inegalites.fr/inegalites-sociales-primaire-college

18. https://www.education.gouv.fr/evolution-des-inegalites-sociales-de-competences-au-fil-du-temps-et-de-la-scolarite-414492

19. https://www.vie-publique.fr/eclairage/38483-le-college-unique-de-la-loi-haby-au-choc-des-savoirs

20. https://www.nationalgeographic.fr/sciences/adolescence-le-cerveau-en-alerte-rouge

21. https://adozen.fr/le-mysterieux-fonctionnement-du-cerveau-des-adolescents/

22. https://www.francetvinfo.fr/economie/emploi/carriere/formation/devoir-faits-le-nouveau-dispositif-de-soutien-scolaire-aux-collegiens-demarre-de-maniere-inegale_2455868.html

23. https://www.education.gouv.fr/devoirs-faits-un-temps-d-etude-accompagnee-pour-realiser-les-devoirs-7337

24. https://www.education.gouv.fr/le-travail-scolaire-des-jeunes-en-dehors-de-la-classe-quelles-pratiques-et-quelles-disparites-378635

25. https://etsinexonmetaitconte.fr/le-certificat-detudes-primaires-cep-un-diplome-cree-il-y-un-peu-plus-de-150-ans/

26. https://la1ere.francetvinfo.fr/guyane/petite-histoire-du-brevet-colleges-724832.html

27. https://www.sudouest.fr/etudiant/examens/brevet-des-colleges-2023-du-bepc-au-dnb-un-diplome-vieux-de-76-ans-15707770.php

28. https://www.data.gouv.fr/en/datasets/diplome-national-du-brevet-par-sexe-et-par-serie/

29. https://www.education.gouv.fr/l-education-nationale-en-chiffres-edition-2024-414935

30. https://www.onisep.fr/ressources/univers-formation/formations/lycees/bac-pro-technicien-en-realisation-de-produits-mecaniques-option-realisation-et-suivi-de-productions

31. https://www.education.gouv.fr/les-signalements-d-incidents-graves-dans-les-ecoles-publiques-et-les-colleges-et-lycees-publics-et-380730#:~:text=La%20violence%20en%20milieu%20scolaire%20se%20manifeste%20principalement%20par%20des

32. https://www.capital.fr/votre-carriere/faibles-salaires-teletravail-pourquoi-le-tertiaire-peine-aussi-a-recruter-des-cadres-1484912

33. https://www.napoleon.org/histoire-des-2-empires/articles/la-creation-des-lycees-et-des-proviseurs-par-napoleon-bonaparte/

34. https://shs.cairn.info/revue-histoire-urbaine-2016-1-page-87?lang=fr

35. https://www.cap-concours.fr/donnees/enseignement/preparer-les-concours/concours-de-cpe/l-education-nationale-et-les-reformes-sous-la-ve-republique-mas_educ_01

36. https://www.leprogres.fr/culture-loisirs/2021/03/17/17-mars-1808-napoleon-invente-le-baccalaureat-moderne

37. https://www.letudiant.fr/bac/bac-2024-le-taux-de-reussite-atteint-91-4.html#:~:text=Dans%20le%20d%C3%A9tail%2C%20le%20taux,derni%C3%A8re)%20pour%20les%20bacheliers%20professionnels

38. https://mcetv.ouest-france.fr/mon-mag-campus/sante-et-vie-etudiante/permis-de-conduire-voici-le-taux-de-reussite-selon-votre-departement-04112024/

39. https://www.blog.yapuka.org/reforme-du-bac-oral-de-maturite-reussir-conseils/#:~:text=En%20effet%2C%20l'oral%20prend,%C3%A0%20travers%20la%20vie%20adulte

40. https://eduscol.education.fr/document/20416/download#:~:text=et%20du%20lyc%C3%A9e%20%3F-,1.,technologique%20aura%20lieu%20en%202021.

41. https://www.enseignementsup-recherche.gouv.fr/sites/default/files/content_migration/document/Rapport_Dr_Marra_-_Qualite_de_vie_des_etudiants_en_sante_926048.pdf

42. https://www.education.gouv.fr/reussir-au-lycee/baccalaureat-brevet-cap-parcoursup-le-calendrier-2025-341384

43. https://www.digischool.fr/articles/lycee/bac/bac-2024-dates-chiffres/

44. https://www.digischool.fr/articles/lycee/bac/baccalaureat-nouvelle-epreuve-de-mathematiques-en-premiere-2026/

45. https://eduscol.education.fr/877/le-controle-continu

46. https://www.bfmtv.com/societe/14-20-presque-en-larmes-le-controle-continu-au-bac-source-d-angoisse-chez-les-eleves_AN-202310070034.html

47. https://diplomeo.com/actualite-critiques_parcoursup

48. https://www.vie-publique.fr/discours/287252-sylvie-retailleau-14112022-bilan-de-la-plateforme-parcoursup ; https://www.insee.fr/fr/statistiques/5432519?sommaire=5435421&q=parcoursup

49. https://www.radiofrance.fr/franceculture/sommes-nous-plus-betes-qu-avant-7581974

Table des matières

Composition et mise en pages
Nord Compo à Villeneuve-d'Ascq

Imprimé en France par
CPI Bussière
en mars 2025

Pour plus d'information :

www.lisez.com

Imprimé sur du papier issu de forêts gérées durablement.

N° d'édition : C20906/01 – N° d'impression : 2083216